Divin Lévy MULONGO BANZA

LA HOULETTE DU PROPHÈTE

Divin Lévy MULONGO BANZA

LA HOULETTE DU PROPHÈTE

VOLUME I LES PRÉALABLES DU MINISTÈRE

Éditions Croix du Salut

Imprint
Any brand names and product names mentioned in this book are subject to trademark, brand or patent protection and are trademarks or registered trademarks of their respective holders. The use of brand names, product names, common names, trade names, product descriptions etc. even without a particular marking in this work is in no way to be construed to mean that such names may be regarded as unrestricted in respect of trademark and brand protection legislation and could thus be used by anyone.

Cover image: www.ingimage.com

Publisher:
Éditions Croix du Salut
is a trademark of
Dodo Books Indian Ocean Ltd. and OmniScriptum S.R.L publishing group

120 High Road, East Finchley, London, N2 9ED, United Kingdom
Str. Armeneasca 28/1, office 1, Chisinau MD-2012, Republic of Moldova, Europe
Managing Directors: Ieva Konstantinova, Victoria Ursu
info@omniscriptum.com

Printed at: see last page
ISBN: 978-620-8-86352-4

Du même auteur

- Prophétisme et aberrations.
- La houlette du prophète – Volume I – Les préalables du ministère.
- La houlette du prophète – Volume II – Les méandres.
- La houlette du prophète – Volume III – Les censures.

Ce livre est un travail scientifique, un mémoire présenté et défendu en vue de l'obtention du grade de Licencié en Théologie, à la faculté de théologie, de l'Université Chrétienne Source de Vie, de Likasi, dans la Province du Haut-Katanga, en République Démocratique du Congo. Il vous est proposé en volumes pour une bonne digestion.

À Maryse Carmelle MUSUMBA BANZA, ma chère épouse et compagne pour la vie, à nos enfants **D**arleen Astrid BANZA, Fortunat **D**ivin BANZA, **D**ardana Francine BANZA.

Divin Lévy MULONGO BANZA

REMERCIEMENTS

À tous ceux qui, de loin comme de près, ont contribué à la réalisation du présent ouvrage. La liste étant longue, je cite parmi eux mes enseignants, à la Faculté de Théologie de l'Université Chrétienne Source de Vie (Likasi), dont mon père biologique, le Révérend Fortunat BANZA MWENZE NGOY, Représentant Légal de l'Église du Christ au Congo/45ème Communauté Évangélique de Pentecôte (ECC/45ème CEP), Mastering en Théologie, mon Pasteur, le Révérend Jean Pierre MWABI SALUMU, Représentant Légal Suppléant de la même Église, Doctorant en Théologie, notre parrain de mariage, l'Ancien Emmanuel BALUKU, Docteur en Théologie, ainsi que le Pasteur Deogratias KASOKOTA KISIMBA, Master en Théologie. Leur guide et conseils ont été précieux pour mon ministère, mes études théologiques et la rédaction de ce livre. Ils sont pour moi des modèles de foi, d'inspiration, de connaissance et de bravoure. Je n'oublierai pas le Professeur Associé Élie MUTEBA MAYEMBE, de la Faculté de Théologie de Bangui, à l'Université Protestante d'Afrique centrale de Yaoundé.

Ma reconnaissance s'adresse également au Révérend Réussite NGOIE MANDAKU, Visionnaire des Ministères Génération Joël, au Pasteur Patrick KANDA, qui m'ont ouvert les portes de ce cadre, au Prophète DJO Grâce N. MWENZE des Ministères Génération Joël à Kinshasa, au Prophète Rhema NGOY MWAMBA, un ami de très longues dates, des Ministères Génération Joël, il est actuellement Pasteur de l'Église Divine Grace Gathering au Canada. Ensemble avec les précités, ils m'ont permis d'avoir un aperçu sur tout ce qui est partagé dans cet ouvrage.

Je n'oublierai pas le Pasteur Richard KASONGO NDAY, le Professeur Associé Bruno KADIAT MANGAND, Doyen de la Faculté des Sciences Économiques et de Gestion à l'Université de Kolwezi, et mes frères biologiques : Maître Trudon BANZA, Maître Sylvain MASENGO, Docteur Jacquie BANZA, le Linguiste Israël HALI, l'Ingénieur Emmanuel BANZA, l'Ingénieur Fortune BANZA, Maître Fabien MATAKANA, Docteur Amélia NGOIE, l'Ingénieur Simon BANZA, l'Ingénieur Albert MATAKANO, l'Économiste Saly MWABI... ainsi que le frère Éric MPIANA, de l'Église New Life Church.

Que chacun trouve ici une marque d’honneur.

TABLE DES MATIÈRES

PREFACE

Les livres prophétiques et le prophétisme sont à la religion d'Israël comme un moteur à la vie d'un véhicule. Mieux l'on connait l'histoire du moteur, mieux l'on maitrise le véhicule.

Les prophètes ont le plus modelé et façonné la foi d'Israël, comparativement aux rois et aux sacrificateurs. Leurs interventions, qui étaient la réponse de Dieu au travers de la formule « Ainsi dit ou parle l'Éternel », étaient fondées sur les réalités historiques et événementielles vécues par le peuple de Dieu. Ils se servaient de la parole de Dieu, laquelle jetait la lumière sur les événements afin de les interpréter ; mais aussi, ils se servaient de leur foi en Dieu qui les envoyait.

À l'aube de la Nouvelle Alliance, le prophète Jean le baptiste et Jésus Christ, le plus grand prophète, ne sont-ils pas restés dans la compréhension du prophétisme tel que voulu par YAHWÉ !

Cependant de nos jours, le peuple africain en général, et plus particulièrement congolais, assiste au phénomène d'un surgissement vertigineux de ceux qui s'autoproclament « prophètes », et qui pullulent dans nos églises évangéliques, dans nos rues, avec des objectifs et des pratiques qui heurtent non seulement nos consciences, mais aussi et surtout le prophétisme authentique tel que voulu par ADONAY Dieu.

Dans son livre, « prophétisme et Aberrations », Divin Levy MULONGO BANZA, écœuré par la dénaturalisation du ministère des prophètes sur notre continent et dans notre pays en particulier, stigmatise les aberrations qui se sont glissées dans l'exercice de ce don au point de détruire et diviser l'Église du Christ et les familles, sensibilise et exhorte tous ceux qui s'adonnent à ces pratiques dégradantes pour leurs propres intérêts égoïstes ou mieux pour leurs propres ruines.

Ce travail, en plein dans l'actualité de ces temps qui sont les derniers, est pertinent pour attirer notre attention et éveiller notre sensibilité évangélique. Pour nous, ce travail est un son d'une trompette qui retentit dans les oreilles de plusieurs serviteurs de tous genres, pour une remise en question, une introspection de manière à laisser la parole de Dieu, pure et parfaite, nous éclairer.

Emmanuel BALUKU
Docteur en Théologie

PROLÉGOMÈNES
LES MINISTÈRES DANS L'ÉGLISE

Lorsqu'on travaille, on parvient toujours à découvrir ses propres aptitudes intellectuelles et spirituelles. Lorsqu'on les met en service, c'est ce qu'on appelle « ministère ». Le terme « ministère » vient du latin « ministerium », dont la forme populaire « misterium » a donné « mistier » au Xème siècle, puis métier[1]. Le terme « ministère » désigne une tâche que l'on doit remplir, une charge dont on doit s'acquitter. Alfred KUEN[2] affirme que « quand un charisme est effectivement mis au service de l'Église, sous la direction du Saint-Esprit, il devient un ministère, diaconia, en grec. Le terme « ministère » que l'on trouve dans la Bible, provenant du grec διακονος [diakonos], fait littéralement référence au service des tables, parfois il veut dire « servir », tout court[3]. Διακονος [diakonos] est utilisé dans la Bible pour désigner l'utilisation de tous les outils que Dieu donne. Ces outils doivent être mis au service de Dieu et des autres, c'est cela le but d'un ministère divin quel qu'il soit[4]. En fait, c'est à ce moment-là que Dieu met en œuvre Sa puissance qu'Il a pourtant déjà mise à notre disponibilité depuis bien longtemps[5]. C'est cette puissance qui régénère, guérit, délivre et transforme et opère des miracles.

On nous a rapporté qu'une dame remplie du Saint-Esprit, avait connu cette expérience. Elle faisait le ménage dans les bâtiments de leur église locale, et a témoigné de la puissance de Dieu sur la vie des personnes qui venaient prendre place aux cultes. Lorsqu'elle nettoyait les sièges, elle s'essayait sur certains sièges qu'elle nettoyait, et faisait des prières précises pour ceux qui s'y assiéraient, et Dieu y répondait favorablement.

---

[1] KUEN Alfred, **Ministères dans l'Église**, Série Ekkésia, Cahier Emmaüs, 1983A. KUEN, p. 67.
[2] Idem.
[3] **Dictionnaire grec-français**, du Nouveau Testament, Barclay M. Newman, Jr., Société Biblique Française, Alliance Biblique Universelle.
[4] Éphésiens 4 :12.
[5] Éphésiens 1 : 19-20.

Par ailleurs, un évangéliste de renommée internationale a témoigné que Dieu lui avait révélé que la réussite et le succès de son ministère reposait sur le ministère d'intercession d'une femme qui faisait également le ménage dans son église locale. Dieu lui montra que cette femme priait beaucoup pour lui, chaque fois qu'il était en mission évangélique.

La Bible corrobore ces expériences lorsqu'elle fait mention des disciples de Jésus, qui revinrent de mission un jour Lui rapporter que même les démons leurs étaient soumis[1]. Malencontreusement, certains chrétiens ne travaillent pas dans l'Église, et font autre chose que ce à quoi Dieu les a réellement appelés.

Le ministère s'accomplit dans trois directions : envers le Seigneur[2], envers les croyants[3], et envers les non-croyants[4]. En tant qu'Initiateur et Directeur du service, le Saint-Esprit dirige et oriente ceux qu'Il engage. Il prévoit, pourvoit et supervise toutes les tâches. C'est donc un travail exécuté sous Sa direction, et aussi avec Lui en tant que Partenaire. Il ne laisse jamais seuls Ses collaborateurs. Il combat pour et avec eux, et leur donne la force et la puissance nécessaire.

Apôtres, prophètes, prédicateurs, pasteurs, évangélistes, modérateurs ou présidents des cultes, intercesseurs, protocoles, chantres, ménagères, etc., nous sommes tous au service de Dieu. N'est-ce pas que pour servir à la même table, les uns ont fait les courses, la vaisselle, les autres ont cuisiné, d'autres encore ont nettoyé, apprêté la table, et d'autres ont servi les plats. Il en est de même dans le service divin : il y a des services visibles et des services qui sont accomplis derrière les rideaux. Que l'on soit sur scène ou derrière les rideaux, accomplir un ministère c'est rendre service, et non une question des titres honorifiques.

Au-delà du titre, le ministère est une fonction. C'est-à-dire un travail particulier auquel Dieu engage Son serviteur. David

---

[1] Luc 10 : 17.
[2] Actes 13 : 2.
[3] Hébreux 6 : 10.
[4] Matthieu 5 :13.

OYEDEPO a ajouté que « le ministère n'est ni un rêve, ni un délire. Ce n'est pas un titre ecclésiastique, ni position de leadership qu'on a au sein d'une église. C'est une mission divine donnée à une personne par Dieu. Dieu donne une tâche à accomplir à toute personne qu'Il appelle[1] ».

C'est Dieu qui engage et qui rémunère. Dieu a prévu chaque fonction avec ses outils, sa place et sa rémunération. Le problème est que les uns ne font rien, les autres ne sont pas là où ils devraient être, tout simplement à cause de l'envie, l'orgueil ou les complexe, ils ne veulent même pas être formés pour se découvrir et s'améliorer.

Toutefois, le ministère n'a pas un but lucratif pour qu'on le choisisse dans un cas échéant de la vie. C'est un travail que l'on accompli en étant choisi et engagé par Dieu, en attendant de Lui Sa rémunération, bien qu'elle puisse nous parvenir à travers des mains humaines. Les honneurs, à la notoriété, la posture ou la place dans une assemblée, les faveurs, l'argent, les costumes, et les autres biens éventuels, ne sont que des bonus. C'est attrayant, cependant dérisoire. Le ministre de Dieu devrait focaliser ses objectifs sur la récompense finale[2]. Le reste fait souvent dévier de la mission, lorsqu'on en fait une priorité ou une condition pour les prestations.

De nos jours, les prestations de plusieurs « serviteurs de Dieu » sont comme des articles de luxe vendus dans des boutiques prestigieuses, qu'on ne peut s'offrir qu'à des prix exorbitants, ce qui devient une source de beaucoup de maux au sein de l'Église. Les jeunes gens ne visent aux bouts de leurs nez, que ces choses terrestres et passagères, pour lesquels ils sont motivés. Ils ont les yeux toujours braqués dans les paniers des offrandes et sur les poches des chrétiens. Les prophéties deviennent comme des paroles du renard devant le corbeau[3]. Ils sont prêts à se donner corps et âme, même à temps plein, pour faire tomber le « fromage » de la bouche du corbeau. Ce sont ces

---

[1] David O. OYEDEPO, **Les exploits dans le ministère**, Dominion Publishing House, Nigeria, Lagos, 2006, 2008, p. 8.

[2] 1 Corinthiens 9 : 24-27.

[3] Dans une fable de la Fontaine.

gens qui quittent une congrégation pour une autre, qui s'en vont avec une partie des membres de l'Église, ou qui demeurent ambulants, pour trouver leurs comptes.

1. <u>Organisation</u>

Une Église est puissance lorsqu'elle est vivante. Elle est vivante lorsqu'elle produit des œuvres, lorsque tous les chrétiens travaillent, chacun à son poste, comme les membres d'un même corps. C'est pour illustrer ces réalités qu'en parlant de l'Église, l'apôtre Paul, inspiré par le Saint-Esprit, a utilisé dans une métaphore « le corps humain[1] ». L'apôtre Pierre a plutôt utilisé « la maison[2] ». L'Église ne peut s'élever que lorsqu'elle est bien coordonnée par ceux qui la dirigent[3].

Pouvez-vous imaginer un corps humain qui n'est formé que d'un œil ! Autant un corps humain est formé de plusieurs membres et organes, la maison est construite avec plusieurs briques, sans omettre les autres éléments de l'édifice. C'est une caricature très monstrueuse d'imaginer un corps humain qui soit formé d'un seul membre ou un seul organe. À Kolwezi, les femmes qui vivent à proximité ou qui travaillent dans les carrières d'uranium, arrivent parfois à donner naissance à des bébés difformes ou dépourvus de quelques organes ou membres. Ce n'est pas du tout beau à voir. Ces enfants sont condamnés à mourir, parce qu'ils ne peuvent pas vivre longtemps. De même, une église difforme ne le peut.

L'Église est le corps de Christ, dont les membres sont tous ceux qui ont donné leurs vies à Christ, ceux que Dieu a connus ou choisis d'avance, destinés d'avance à devenir conformes à l'image DE Son Fils, afin que Celui-ci soit l'Aîné de nombreux frères. C'est pourquoi, les ayant ainsi destinés, Il est a aussi appelés à Lui, déclarés justes et conduits à la gloire[4]. Aucun membre n'est plus important qu'un autre. Chacun d'eux a son importance dans l'ensemble et sa particularité dans l'ensemble du corps, ou de

---

[1] 1 Corinthiens 12 : 12.
[2] 1 Pierre 2 :5.
[3] Éphésiens 2 :21.
[4] Romains 8 : 29-30.

l'édifice, pour lui permettre de croître, de tenir débout, et d'accomplir pleinement sa mission ni de croître. L'apôtre Paul, dit que le corps humain est un tout, et pourtant il a beaucoup d'organes. Tous ces organes, dans leur multiplicité, ne constituent qu'un seul corps. Il en va de même pour ceux qui sont unis au Christ. Chacun doit fonctionner selon qu'il a été appelé[1], pour le bien de tous. C'est cela être fidèle à son appel. Vous avez été appelé à la prophétie, faites-le conformément à la foi commune ; vous avez été appelé à servir, consacrez-vous à votre service ; vous avez été appelé à enseigner, faites-le, ainsi de suite.

On peut même avoir plusieurs serviteurs dans un même domaine du ministère, c'est bien normal. On peut avoir dans une même église locale, plusieurs prophètes ou pasteurs, assistants et titulaires. Même dans l'église primitive, il y avait plusieurs prophètes[2]. Toutefois Dieu, qui n'est pas un Dieu de désordre mais de paix[3], sait bien organiser les choses. Il a parfaitement structuré le travail dans l'Église, de manière à ce que chacun ait toujours sa place et sa particularité. Il a établi dans l'Église le ministère, avec des domaines différents où Il a appelé chaque membre à un travail particulier et précis, pour une mission particulière. De même qu'un corps humain a besoin de toutes ses diversités pour bien fonctionner, l'Église a besoin de la présence, la participation et le travail de chacun de ses membres.

Parmi les domaines du ministère cités par l'apôtre Paul[4], on peut dire que les domaines évangéliques et apostoliques sont précurseurs. Le domaine évangélique est beaucoup plus dirigé vers l'extérieur, afin de chercher et ramener les âmes perdues et les brebis égarées. Le domaine apostolique intervient pour fonder et implante l'Église. Les autres domaines interviennent dans la suite, dirigés en permanence vers l'intérieur de l'Église. Il s'agit des domaines prophétiques, pastoraux et doctoraux. Alfred KUEN[5] catégorise tous les domaines du ministère comme suit :

---

[1] Romains 12 : 6-8, 1 Corinthiens 12 : 22-27.
[2] Actes 13 :1.
[3] 1 Corinthiens 14 :33.
[4] Éphésiens 4 : 11.
[5] A. KUEN, op. Cit., p. 71.

- **Ministères de fondation** : les apôtres et évangélistes.
    - Les **Apôtres** fondent des églises locales[1]. Ils proclament l'Évangile dans des terrains neufs, enseignent et forment des nouveaux membres, organisent ces églises locales, les laissent sous la direction des évêques et s'en vont dans d'autres terrains neufs, tout en faisant le suivi de chaque église locale qu'ils ont fondée, y interviennent en cas de difficultés. Un apôtre est donc tout d'abord un évangéliste, puis un pasteur, enfin un pasteur des pasteurs.
    - Les **Évangélistes** proclament l'Évangile en itinérance, à l'échelle local, nationale ou internationale, sous le chapeau des évêques ou des apôtres, aux soins desquels ils confient les nouveaux convertis.

- **Ministères de direction** : les pasteurs.
    - Les **pasteurs**[2], parfois appelés Anciens de l'Église[3], Anciens tout court[4] et bergers[5]. Il s'avère, dans les Saintes Écritures, que même ceux qui sont appelés évêques[6], ou conducteurs[7] remplissaient tous la même fonction, celle de garder les brebis, gérer les charismes et à administrer les églises locales. Dans ces attributions, ils ne travaillent pas seuls, ils associent des assistants, pour diriger des domaines, départements ou groupes bien précis.

- **Ministères d'édification** :

    - Les **prophètes** et
    - Les **docteurs** (enseignants).

---

[1] Éphésiens 2 :20.
[2] Jérémie 23
[3] Actes 20 : 17, Jacques 5 : 14.
[4] Actes 15 : 5, Actes 21 : 18, 1 Timothée 4 : 14, 1 Timothée 5 : 17.
[5] Terme employée dans les Évangiles.
[6] Actes 20 : 28, Philippiens 1 : 1, 1 Timothée 3 : 1-2, Tite 1 : 7.
[7] Jérémie 25 : 34-36, Matthieu 23 : 16 et 24, Romains 2 : 19, Hébreux 13 : 7 et 24.

Les prophètes et les docteurs ont tous la tâche d'édifier le peuple de Dieu, en leur transmettant la Parole de Dieu, « ainsi dit l'Éternel ». Les prophètes la transmettent sous forme littérale, tandis que les docteurs la transmettent sous forme littéraire, des sermons.

Il y a plusieurs autres domaines dans le ministère, néanmoins personne n'a été appelé à porter, ou à se voiler sous plusieurs casquettes. Chacun sera jugé ou récompensé par rapport à son appel authentique. L'évangéliste, par rapport au nombre d'âmes sauvées à travers lui. Le docteur, par rapport au nombre d'âmes qu'il aura affermies. Le pasteur, par rapport au nombre d'âmes encadrées sous sa houlette. L'apôtre, par rapport au nombre d'âmes qui auront été sauvées à travers lui, et celles encadrées sous sa houlette. Le prophète, par rapport à sa fidélité dans la transmission de la Parole de Dieu.

2. Complémentarité

L'œil a-t-il jamais dit à la main « je n'ai pas besoin de toi », ou la tête aux pieds : « je peux très bien me passer de vous » ? Quelle est cette maison qui serait construite avec une seule brique ? On a toujours besoin les uns des autres, que l'on ressente ce besoin ou pas, directement ou indirectement, consciemment ou non. Si le pied disait : « Puisque je ne suis pas une main, je ne fais pas partie du corps », n'en ferait-il pas partie pour autant ? Les parties du corps qui nous paraissent insignifiantes sont particulièrement nécessaires. Et celles que nous estimons le moins sont celles dont nous prenons le plus grand soin. Celles dont il n'est pas décent de parler, nous les traitons avec des égards particuliers dont les autres n'ont guère besoin[1]. Les guéguerres, querelles et les rivalités ne font que diviser et détruire le Corps entier.

Telle une prière exprimée dans un chant célèbre :

« Cimente-nous, ô mon Jésus, comme les pierres dans la pyramide. Qu'aucun rasoir ne puisse nous séparer. Cimente-nous, soude-nous, ô

[1] 1 Corinthiens 12 :12-25.

Jésus ... J'ai vu un homme qui est blessé. Peut-être que la blessure n'a pas pu toucher la tête. Mais la tête souffre, le cœur et les pieds. Les pieds emmènent le doigt à l'hôpital. Les yeux voient pour que le doigt ne connaisse pas un accident. La bouche explique le doigt qui est malade. Cimente-moi, ô mon Jésus. Apprends-moi à m'humilier[1] ».

J'ajouterai : l'œil pleure même pour cette douleur !

L'Église est forte et puissante lorsque les membres sont soudés, et peuvent prendre soin et défense les uns des autres. Les mains qui ne peuvent pas porter de chaussures ni de lunettes, aident fièrement les pieds et les oreilles à en porter respectivement, pour le bien-être et le confort de tout le corps. Le nez, sans se plaindre, supporte le poids des lunettes, tout comme par ailleurs, tous les autres membres et organes, qui ne se plaignent les uns des autres.

L'Église est une armée. N'est-ce pas, curieusement, pour cela que l'apôtre Paul n'a mentionné dans son épitre[2] aucune tenue de défense pour protéger le dos ! S'il n'y a aucune armure pour protéger le dos, il ne faut donc jamais tourner le dos, ni arrêter de combattre. Il y a toujours dans la posture de combat, des soldats qui avancent à reculons pour assurer les arrières de leurs camarades de bataillon, car l'ennemi peut attaquer ou surgir de n'importe où. Un vrai soldat ne tourne jamais le dos au combat, et ne recule jamais devant l'ennemi. Le combat spirituel est une lutte acharnée et permanente jusqu'à la mort.

Les divergences d'opinion, de goûts et de couleurs, ne devraient pas engendrer des différends. Hélas, au lieu de cela, l'Église d'aujourd'hui est devenue un milieu spectaculairement scandaleux, où on peut trouver les organes de ce même corps qui ne se soucient guère les uns des autres. Au-delà de leur indifférence, ils se moquent les uns des autres, se repoussent, se critiquent, ... et se combattent même.

---

[1] Cimente-nous, une chanson de LIFOKO du Ciel, album « Ouvre la Bible »
[2] Éphésiens 6 : 10-20.

Nous, membres de l'Église, avons vraiment besoin d'être cimentés. Toutefois, certains différends témoignent clairement que nous ne sommes pas de la même pâte. L'eau et l'huile peuvent faire semblant de se mélanger pendant un moment, avec le temps elles finissent par se repousser. Les membres d'un même corps ou d'une même famille se supportent et se soutiennent, peu importent leurs différences et faiblesses. Les forts supportent et soutiennent les faibles, avec abnégation. Un organisme reçoit toujours favorablement un sang de son groupe sanguin, même venant d'ailleurs.

Selon Alfred KUEN[1], une alternance des prédicateurs compétents pour les sermons dominicaux apportera à l'Église une nourriture plus riche et plus variée. Parce que dans cette alternance, chacun d'eux aura beaucoup plus de temps pour se renouveler intérieurement, pour recevoir une nouvelle orientation en méditant sur son prochain message, où il apportera sa personnalité, sa perspective et ses dons particuliers, pour que l'église en ait un reflet plus fidèle et plus complet de la pensée de Christ.

J'ajouterai aussi, qu'écouter d'autres prédicateurs aide à s'améliorer et se perfectionner. Si John WESLEY[2] s'était converti un jour, c'est parce qu'il avait pris le temps d'écouter un autre prédicateur. Pourtant, il était déjà apôtre depuis plusieurs années. Il avait lui-même consacrés plusieurs évêques et autres serviteurs de Dieu avant sa propre conversion authentique.

---

[1] A KUEN, Op. Cit., p. 162.
[2] Fondateur de l'Église Méthodiste.

INTRODUCTION

Après avoir scruté toute une revue littéraire sur ce domaine, en dépit des ouvrages élaborés et publiés, il nous a paru impératif, de les renchérir en apportant un supplément d'informations, et des réponses aux questions d'éclaircissement et d'actualité, restées en suspens.

Aucun ouvrage n'a prétendu épuiser cette matière, celui-ci n'y prétend pas non plus. Néanmoins, c'est un manuel de formation, pour l'encadrement des charismes et ministères prophétiques dans l'Église du Christ. Le Saint-Esprit a produit en nous cette étincelle nuancée dans ce même faisceau, pour creuser davantage et étendre la lumière. Cet ouvrage n'a pas pour objectif de décoder ni rassembler des prophéties. Dieu nous a déjà révélé dans la Bible tout ce qu'il nous faut connaître pour ce moment et pour les temps à venir, pour notre prévention et notre maturité.

Le domaine prophétique a marqué son importance dans la destinée du peuple de Dieu, depuis l'histoire du peuple d'Israël jusqu'à l'Église. Il occupe une place prépondérante dans les Saintes Écritures : dix-sept livres sur trente-neuf, dans l'Ancienne Alliance. Toutefois, même dans les autres groupes de livres, notamment le pentateuque, les treize livres historiques et les quatre livres sapientaux ou poétiques, on trouve aussi certaines activités prophétiques. Même si dans la Nouvelle Alliance, on n'y trouve pas de livre particulièrement prophétique, on y constate néanmoins l'exercice des charismes et ministères prophétiques. S'intéresser à ce domaine avec une approche particulière permet de mieux l'appréhender, tant au bénéfice de ceux qui ont reçu ces charismes, que pour l'Église et le monde entier.

Les deux premiers volumes de cet ouvrage sont des recueils d'informations nécessaires sur ce domaine. Ils en présentent respectivement les préalables et les contours, afin d'équiper ceux qui ont reçu de manifester ces charismes, même s'ils sont latents ou ont flétris, les raviver et les amener à maturité, afin produire du fruit pour le royaume de Dieu[1]. Dieu attend de nous la perfection.

Pour tout ministère, il faut :

- Des talents et charismes équivalents,
- L'onction ou le choix de Dieu,
- Des formations adéquates,
- Attendre l'appel de Dieu pour commencer l'exercice,
- Demeurer dans les limites de son appel, lesquelles sont bornées par des talents et charismes,
- Payer le prix de l'envol, l'équilibre et la réussite, autrement dit répondre en permanence aux exigences du ministère,
- Produire du fruit pour le Royaume de Dieu et
- Préparer et faire place à la relève.

Ce premier volume aborde les cinq premiers points.

---

[1] Luc 13 : 6-9.

Avertissement

Il y a dans ce livre des mots et des phrases tirées des versions originales de la Bible, notamment en hébreu qui s'écrit et se lit de droite à gauche, et en grec qui s'écrit et se lit de gauche à droite. Nous vous faisons grâce d'un cours de langues. Toutefois, le lecteur profane trouvera à côté de ces mots, leurs transcriptions entre accolades. C'est cette transcription qui est la prononciation même.

CHAPITRE I
VOCATION

Toute entreprise qui se respecte met à la disposition de ses agents ou ouvriers des outils appropriés et une tenue adéquate pour le travail. Et même après un éventuel test d'embauche, l'entreprise soumet ses nouveaux agents à des formations de mise à niveau, avant leur mise en service. Dieu n'en peut pas faire moins, Il dispose aussi d'outils et équipements qu'Il donne individuellement à Ses serviteurs. Bien entendu qu'Il les soumet aussi à des formations particulières et adéquates. Car on ne peut servir Dieu avec d'autres outils que ceux qu'Il a Lui-même prévus.

Chaque chrétien a une mission particulière à accomplir dans ce monde[1], au sein de l'Église[2], une mission à laquelle Dieu l'a prédestiné avant même qu'il soit né[3]. Ce chapitre s'intéresse aux outils que Dieu a préparés pour Son service. Qu'est ce qui peut montrer que tel a été outillé ou appelé pour tel ministère et tel autre pas ? Dieu donne toujours des outils avant d'envoyer (appeler) Son serviteur. Nous insistons sur le fait que l'acquisition des outils précède l'appel.

La **vocation** est, par définition, un mouvement intérieur par lequel une personne se sent appelée au sacerdoce ou à la vie religieuse[4]. C'est une disposition particulière à exercer un art[5]. Cette disposition vient de Dieu[6]. Concrètement, la vocation est principalement constituée des talents et des charismes. Elle ne dépend pas de la volonté de l'homme, ni de ses efforts. En revanche, elle vient de Dieu qui fait grâce. Cela n'est pas un

---

[1] Psaumes 139 :16.
[2] Éphésiens 4 :11.
[3] Jérémie 1 :5.
[4] Dictionnaire **Le petit Larousse 2010**, Edition Anniversaire de la Semeuse 1890-2010, p. 1073.
[5] 36 Dictionnaires, copyright ©1999-2004, L'aventure Multimédia.
[6] Romains 8 :29-30, 16 : 9.

héritage d'une parenté, d'une hiérarchie, d'un pouvoir laïc ni d'aucune organisation humaine quelconque.

Aucun pouvoir laïc, même s'il imposait une personne dans une charge ecclésiastique, ne peut en revanche lui en conférer la vocation. On assiste aujourd'hui à des théâtres scandaleux où un pouvoir étatique s'ingère dans les affaires ecclésiastiques pour destituer les uns en faveurs des autres.

La vocation est une provision de Dieu à Son serviteur, pour le ministère. Elle comprend premièrement les **talents** en tant que ressources intellectuelles, ainsi que les **charismes** en tant que ressources spirituelles. Toutefois, il y a dans les provisions divines, d'autres ressources telles que humaines, financières et matérielles qui accompagnent le serviteur de Dieu à partir du moment de son appel, et uniquement dans les moments où elles sont nécessaires. La vocation est innée, invariable et inévitable. On discerne la vocation d'une personne à travers son habileté par rapport aux autres. L'habileté d'organiser, d'accomplir les tâches et de comprendre certaines choses liées à sa vocation.

I.1. Talents et charismes

On remarquera aisément, qu'un informaticien est outillé avec un ordinateur, un maçon en revanche avec une truelle et un niveau, un mécanicien a aussi ses outils de service. Cependant, les outils du serviteur de Dieu sont essentiellement les talents et les charismes.

Dieu n'a appelé personne à devenir monsieur « tous travaux » dans l'Église. Il a plutôt pourvu des talents dans chaque homme, et se manifeste Lui-même par des charismes dans le chef de tous ceux qu'Il appelle à Son service. Ces deux éléments font de chaque chrétien une personne particulière et différente. Dans l'une de ses épitres[1], l'apôtre Paul énumère une liste non exhaustive de charismes, qu'il complète dans une autre épitre[2]. À

[1] Romains 12 :3-8.
[2] 1 Corinthiens 12 :7-11.

la naissance naturelle ou physique, chaque homme nait toujours avec certaines aptitudes.

Un talent[1] est une aptitude ou habileté intellectuelle ou physique, dans un domaine particulier, principalement sur le plan artistique ou dans un métier. Par exemple l'art de bien organiser ses idées, de bien parler en public, de chanter correctement, de jouer aux instruments de musique, d'arranger et harmoniser les voix et la sonorisation, de coiffer ou tresser les cheveux, la comédie, la cordonnerie, la menuiserie, l'orfèvrerie, etc. C'est une aptitude naturelle ou innée, qui peut croître dans la mesure où elle est exercée.

À la naissance spirituelle, ou la nouvelle naissance, l'on naît avec des charismes du Saint-Esprit, manifestes ou latents. Un charisme est une manifestation particulière du Saint-Esprit dans une personne qui a reçu Jésus-Christ comme Seigneur et Sauveur. Ces manifestations diffèrent d'un croyant à un autre. Le Saint-Esprit Se manifeste ou distribue son activité à chacun de manière particulière, comme Il veut. C'est Lui qui opère tout en tous, sous plusieurs de ses facettes[2], de sorte que Ses flots[3] ne se limitent pas au récipiendaire des charismes, ils atteignent aussi plusieurs âmes, pour l'utilité commune[4].

Les talents ne sont pas remarquables à la naissance physique, et les charismes ne sont pas toujours remarquables dans les tout premiers jours de la conversion. Ils peuvent se manifester au fur et à mesure que le récipiendaire croît et s'exerce au travail. Parfois, ils nécessitent certaines conditions pour être activés. Lorsqu'un homme ne s'exerce pas, il ignore quels sont ses talents. De même, lorsqu'un croyant ne prie pas ou ne se regarde pas dans le miroir de la Parole de Dieu, il ne s'attache pas au service de Dieu, il ne saura pas non plus quels sont les charismes par lesquels le Saint-Esprit devrait Se manifester à travers lui. Il lui faut de l'application et des efforts. Les talents d'un homme déterminent quel genre de métier il peut exercer, et ses charismes

---

[1] Microsoft® Encarta® 2009. © 1993-2008 Microsoft Corporation. Tous droits réservés.
[2] 1 Corinthiens 12 : 4, 7 et 11.
[3] Jean 7 : 38-39.
[4] 1 Pierre 4 : 10.

déterminent quasiment déjà son orientation dans un ministère précis. En effet, personne n'a été appelé à exercer plus d'un ministère.

Nonobstant, le manque de manifestation d'un charisme n'est pas synonyme de son absence. C'est-à-dire que d'une part, toute personne sur la terre possède nécessairement au moins un talent naturel qu'il devrait découvrir en travaillant ou en s'exerçant à un métier quelconque. D'autre part, le Saint-Esprit, qui est omniprésent dans tout chrétien, devrait nécessairement Se manifester par au moins un charisme que le chrétien ne peut contrôler, il peut pourtant le découvrir lorsqu'il se met au service de Dieu.

On peut retenir, à ce niveau déjà, trois moyens pour chaque chrétien de parvenir à la découverte du charisme par lequel le Saint-Esprit devrait Se manifester à travers lui : la prière, la méditation de la Parole de Dieu et le service divin, avec persévérance et assiduité. À chaque requête formulée dans la prière, conformément à la Parole, Dieu répond. La Parole de Dieu est toutefois un miroir, un guide, une lampe. Lorsqu'on se met au service de Dieu, on se découvre soi-même apte à tel travail et/ou inapte à tel autre. Point n'est besoin de forcer les choses. Il faut être plutôt attentif aux mouvements du Saint-Esprit, accepter ce qu'on découvre de soi-même et être obéissant à la direction de Dieu.

Au lieu de cela, il y a des chrétiens, surtout dans les premiers jours de leurs conversions, qui ne se préoccupent pas de leur maturité spirituelle, ni de la découverte des potentiels qui sont en eux, lesquels sont les manifestations du Saint-Esprit, qui devraient s'accroitre. C'est ainsi que, sans même demander des conseils à leurs bergers ni suivre leur orientation, ils s'engagent à l'aveuglette, et parfois avec obstination, dans des domaines où ils échouent et se mettent à envier ou à combattre ceux qui excellent. Lorsque leurs rivalités orgueilleuses se brisent, c'est alors qu'ils se découvrent inaptes pour le domaine où ils se sont acharnés, et changent de cap, après avoir complètement échoué.

Dans le domaine séculier, on trouve déjà beaucoup de gens qui vivent ainsi : ce n'est qu'après plusieurs tentatives et échecs, qu'ils se résolvent à prendre au hasard une autre direction, sans avoir aucune certitude d'y réussir. Cette manière de faire leur aura fait perdre beaucoup de temps. Pourtant Dieu les aurait fait exceller dans le domaine qu'Il a prévu pour eux.

En plus des moyens présentés ci-haut, il est important de faire un examen introspectif minutieux, d'accepter sa forme selon qu'on a été taillé par son Créateur, et de se laisser placer sur l'édifice par Celui qui construit[1], à la place où l'on correspond le mieux, et non à peu près. En effet, les pierres[2] qui avaient servi à la construction du temple étaient toutes taillées depuis la carrière, et chacune avait une forme particulière, en fonction de la place et l'usage qui lui étaient destinés sur l'édifice. Ainsi qu'il n'y eut pas de bruit sur le chantier. Dieu est le Constructeur de Son Église. Il sait comment Il a taillé tel et tel autre. C'est Lui qui choisit, désigne et place Ses serviteurs là où Il trouve bon. L'homme ne voit que ce qui frappe ses yeux[3], Dieu regarde plutôt au cœur.

Tous n'ont pas reçu les mêmes capacités. Chacun a reçu du Seigneur Dieu de qu'Il lui a assigné comme étant sa part, depuis le moment où Il l'a appelé à Le servir[4]. On peut s'éprouver soi-même déjà, pour connaître si réellement on a les aptitudes ou capacités requises, c'est-à-dire le charisme requis pour exercer tel ministère. Lorsqu'on parvient à ce niveau de conscience, on est au point de départ sur le schéma de la réussite. Connaître, puis accepter ses capacités, compétences, incompétences et faiblesses, permet aussi d'accepter celles des autres avec qui Dieu a prévu qu'on vive en interdépendance.

Ainsi, l'Église sera à l'abri des rivalités et il n'y aura pas de bruit. Il n'y aura même pas d'ingérence à réprimer, comme l'ingérence qui a porté Ouzza à la mort[5]. Celui-ci était pourtant bien disponible et animé d'une bonne foi, qui l'a poussé à se porter garant pour sécuriser le coffre de l'Alliance qui était sur le point de tomber du chariot, car les bœufs avaient fait un écart.

---

[1] Mathieu 16 : 18.
[2] 1 Rois 6 : 7.
[3] 1 Samuel 16 : 7.
[4] 1 Corinthiens 7 : 17.
[5] 2 Samuel 6 : 6-7.

Malheureusement que les prescriptions divines étaient formelles quant aux attributions respectives de chacun : ce coffre ne devait être porté que sur les épaules des lévites[1], et jamais par une tierce personne, sous peine de mort[2]. Il ne devait pas être porté sur un char, si neuf soit-il. Même si les lévites étaient absents ou loin du coffre, ce n'était pas à Ouzza d'étendre sa main pour le sécuriser. Aux yeux de Dieu, le transport et la sécurité de ce coffre n'étaient pas reconnu dans les attributions d'Ouzza. Cette attribution était si sacrée que Ouzza fut frappé de mort, il succomba sur place. La faute aurait pu être imputée à David, à cause de sa négligence. Pourtant, Dieu n'a pas frappé David. L'instinct impulsif d'Ouzza et son excès de zèle ont surpassé son ignorance. Ceci fut un avertissement pour David qui suivi par la suite les prescriptions[3], c'est un avertissement pour les serviteurs de Dieu qui s'ingèrent à l'improviste et sans qualité dans des attributions où Dieu ne les connaît pas.

Chaque chrétien a/est nécessairement une provision pour le service divin, il a un talent/charisme qui fait de lui une personne spéciale et particulière devant Dieu et devant les hommes. Tout le monde a ainsi son importance. Les membres et organes d'un même corps ne sentent pas nécessairement et directement l'importance de tous les autres. Cela n'exclut en rien l'importance respective de chacun pour l'ensemble du corps. Si vous ne sentez pas directement l'importance de tel membre, il y en a d'autres, cependant, qui le sentent directement. Évitons les guéguerres et les rivalités.

À la lumière de la Parole de Dieu, qui est un véritable miroir[4], n'importe qui se découvrira tel qu'il est réellement, et à quoi il a été réellement appelé. Il découvrira ses propres capacités, afin de les mettre à la disposition et au service du Corps de Christ. Ce sera là alors, un engagement dans le ministère avec certitude et fierté. Personne n'aura à envier celui qui travaille dans

---

[1] Exode 25 : 12-15, Nombres 7 : 9 ; Josué 6 : 6 et 12.
[2] Nombre 4 : 15.
[3] 1 Chroniques 15 :1-5.
[4] Jacques 1 :22-24.

un ministère auquel il n'a pas été appelé. Personne n'aura à imiter celui qui exerce un ministère pour lequel il n'est pas outillé.

Trop souvent, ce sont des gens qui n'ont pas de vie de prière et qui ne s'appliquent pas avec persévérance à se découvrir eux-mêmes, qui envient les autres, lorsqu'ils assistent à des services puissants et efficients. L'apôtre Jacques dit que cette convoitise cause beaucoup de querelles au sein de l'Église[1] : Tel veut être comme tel autre, il fait tout pour être à sa place, il imite pour rivaliser, lorsqu'il échoue, il met en place des mécanismes, des stratagèmes, des règlements, et peut même inventer des « doctrines » et créer des situations pour combattre ce qu'il envie, ou ce qu'il a échoué de faire.

Celui qui persécute un seul, petit soit-il, persécute le Christ. Paul avait beaucoup persécuté les chrétiens avant sa propre conversion, il ne savait pas que c'était le Christ qu'il était en train de persécuter. Dieu avait si bien prévenu Caïn, qui était déjà épris de convoitise, lorsqu'il se mit dans une grande colère, et que son visage s'assombrit[2], il n'avait même pas encore péché. Malheureusement, obstiné par son orgueil, il tua son propre frère. C'est ce qui arrive souvent après l'envie, la jalousie, l'orgueil et les rivalités : ce sont les discordes, les désordres, les affronts, les médisances, les commérages, la colère, la haine, et le meurtre, tels qu'on n'en retrouve même pas chez les païens. Car celui qui hait son frère l'a déjà tué dans son cœur[3].

Dieu recommande que chacun fonctionne au sein du corps de Christ, tel qu'Il l'a appelé à fonctionner[4]. Qu'il n'y ait pas de convoitise ni des rivalités.

C'est étonnant de voir des prétendus chrétiens, qui pensent que leurs potentiels ne s'épanouiront qu'en l'absence de certaines personnes. Alors ils se mettent à les combattre avec

---

[1] Jacques 4 :2-3.
[2] Genèse 4 :6-7.
[3] 1 Jean 3 :15.
[4] Romains 12 : 6-9.

acharnement. S'ils échouent de les faire tomber, ils quittent la congrégation pour aller ailleurs.

I.2. Charismes pour le ministère

Tout ministère équilibré est exercé avec les talents et les charismes requis, que Dieu donne toujours. Par exemple, pour les domaines apostoliques et évangéliques, Dieu donne, comme outils, au-delà du charisme, beaucoup de talents tels que l'éloquence. Pour le domaine pastoral, Dieu donne des charismes tels que la direction, la sagesse et la connaissance. Pour le domaine doctoral, qui consiste à enseigner le peuple de Dieu, Dieu donne, en plus des charismes, des talents tels que la maitrise de la rhétorique, l'art de bien organiser ses pensées de manière cohérente et logique, de contextualiser, de disserter et de s'exprimer correctement, de s'adresser au public pour transmettre. Pour certains, même leurs connaissances scientifiques sont des outils. À l'instar de l'apôtre Paul au milieu de l'Aréopage à Athènes, il pouvait utiliser, pour la cause de l'Évangile, des propos des poètes grecs Epiménide et Aratos[1], pour mettre à l'aise ses interlocuteurs.

Dieu ne désigne pas un prophète en fonction de quoi que ce soit. Un prophète pouvait/peut avoir parfois un langage difficile, comme Moïse[2], ou manifester un handicap quelconque, comme l'âge de Jérémie[3].

1. Aptitudes spirituelles

La Parole de Dieu enseigne que l'homme est formé de trois parties : le corps physique, l'âme et l'esprit[4]. Autant les talents sont des aptitudes du corps physique de l'homme, autant les charismes deviennent plutôt des aptitudes du corps spirituel de l'homme, lorsque le Saint-Esprit Se manifeste en lui.

---

[1] Actes 17 : 28.
[2] Exode 4 : 10.
[3] Jérémie 1 : 6.
[4] 1 Thessaloniciens 5 : 23.

L'esprit d'un homme a exactement la même forme que son corps physique, des mains, des jambes, des yeux, des oreilles, etc. Très peu de gens le réalisent, alors que les satanistes le savent bien, parce qu'ils ont des moyens démoniaques pour contrôler et utiliser consciemment leurs esprits pour pratiquer des projections - pratiques interdites à l'homme par Dieu, dès lors qu'Il l'avait amputé de la conscience de son esprit, moyen naturel pour lui d'accéder consciemment dans les sphères spirituelles. En revanche, le Malin a contourné cette interdiction et pourvu des moyens diaboliques, dont on parle dans le prochain volume de cet ouvrage.

Nonobstant, on constate dans la Bible que Dieu a fait grâce à certaines personnes, de sortir consciemment hors de leurs corps physiques, avec un objectif divin, particulier et précis. C'est quelque chose que l'homme ne peut pas choisir de faire, ni quand ni pendant combien de temps. Les apôtres Paul[1] et Jean[2], qu'on peut citer à titre illustratif, ont eu ce privilège. Ils n'ont pas choisi ni prévu de faire cette expérience.

La Bible dit que de même qu'il y a un corps doté de la seule vie naturelle, il existe aussi un corps régit par l'esprit[3]. C'est à travers l'esprit de l'homme que le Saint-Esprit manifeste Ses « charismes » pour l'Église, à travers qui Il veut, lorsqu'Il le veut, à l'endroit qu'Il veut et de la manière qu'Il veut. L'homme ne peut pas contrôler ces manifestations, qui ne peuvent avoir lieu que par la volonté et sous le contrôle de Dieu, le Saint-Esprit[4].

2. Particularité d'un charisme

Pour ôter toute confusion dans le chef de tous ceux qui, d'entre nous, se prévalent des charismes qu'ils n'ont pas, notons primo, que ce sont des manifestations qui ne sont pas accordées de manière universelle à tous. Secundo, ceux à qui elles sont accordées, c'est sans aucune volonté humaine quelconque.

---

[1] 2 Corinthiens 12 : 2-4.
[2] Apocalypse 4 : 1-2.
[3] 1 Corinthiens 15 : 40 et 44.
[4] 2 Pierre 1 :21.

À moins que le récipiendaire vive dans le péché, un charisme ne fonctionne pas en dents de scie, sa force vitale vient directement du Saint-Esprit. Le don ou charisme est une aptitude/faculté donnée à un chrétien, dans les moments de plénitude du Saint-Esprit. En fait, c'est le Saint-Esprit qui Se manifeste dans le chrétien d'une manière particulière. Tous les chrétiens ne manifestent pas les mêmes charismes, et c'est par grâce que tous les charismes sont manifestés. Aucun charisme divin ne se manifeste dans le but de diviniser le récipiendaire, encore moins dans l'objectif de le présenter comme étant supérieur aux autres.

On ne peut pas dire qu'on a tel charisme, pour l'avoir manifesté une fois ou deux fois. Dieu peut donner des songes ou des visions quand Il veut et à qui Il veut, même à un païen[1]. Cela n'est pas synonyme que le Saint-Esprit ait accordé à ce païen un charisme quelconque.

Réfléchissons ensemble : tous les chrétiens ont la foi, certes. Cependant, le don de foi devrait se manifester différemment. Tous les chrétiens peuvent avoir un minimum de sagesse, toutefois, la manifestation du don de sagesse doit être quelque chose de bien différent. Si tout chrétien doit avoir un minimum de discernement, la manifestation du don de discernement devrait faire la différence. S'il peut arriver à tout chrétien de parler en langues inconnues, comme au jour de la pentecôte, la manifestation du don de parler en langues doit aussi faire la différence. Si des malades sont guéris lorsque des chrétiens prient pour eux, alors les guérisons opérées par le canal du don de guérison seront aussi différentes. La liste est non exhaustive.

Un charisme se manifeste avec récurrence et constance dans une même personne. Pour renchérir, une manifestation récurrente et constante d'un charisme prophétique peut aussi constituer un appel potentiel à ce ministère. Chaque récurrence est une étape qui conduit à la maturité de ce charisme. Cela exige

---

[1] Genèse 41 :1, Daniel 5 :5.

une vie de consécration au Seigneur, dans la sanctification, la prière, la méditation et l'application de la Parole de Dieu.

3. Charismes prophétiques

Les « charismes prophétiques » sont des manifestations du Saint-Esprit, qui rend un chrétien capable de percevoir, entendre, recevoir ou comprendre mystérieusement des révélations divines. Parmi plusieurs genres de manifestations, l'apôtre Paul a cité le « don de prophétie ». Cependant, ce n'est pas le seul charisme par lequel l'on perçoit des révélations divines.

En examinant l'activité prophétique dans la Bible, on peut constater pour renchérir, qu'en dehors du don de prophétie, d'autres manifestations lui sont complémentaires et permettent aussi de recevoir et comprendre des révélations divines. Il y des chrétiens qui peuvent manifester plus d'un charisme, selon la grâce qui leur a été accordée. Toutefois, le prophète qui manifeste tous les dons sous mentionnés est un prophète exceptionnel et extraordinaire.

Néanmoins, chacun de ces charismes fait qu'un prophète est particulièrement différent d'un autre. La beauté de cette diversité devrait pourtant amener les serviteurs de Dieu à ne point se laisser trainer sur les chemins de la convoitise et des rivalités. Pour ne parler que des charismes prophétiques, on peut les classer par catégorie en trois groupes suivants :

A. Charismes de révélation

1) Prophétie[1]

C'est une aptitude que le Saint-Esprit accorde à certaines personnes, d'entendre consciemment et clairement la voix de Dieu, qui raisonne dans leurs esprits et qui leurs parle. Parfois c'est une voix distincte, parfois c'est comme une pensée, pourtant claire et précise. Parfois, la voix est accompagnée des visions. Par moment aussi, Dieu Se saisit carrément de leurs bouches pour

---

[1] Romains 12 : 6.

parler et s'adresser directement à un autre homme ou à une assemblée, parfois en langues inconnues, cependant avec interprétation. Dans cette prise en otage, ces personnes demeurent parfaitement conscientes. Ils savent pertinemment et consciemment qu'il y a des paroles qui sortent de leurs bouches, qui ne viennent pas d'eux, et qu'ils ne contrôlent pas.

Lorsque la prophétie a été reçue comme une pensée ou dans une vision sans voix, le récipiendaire, n'étant pas en extase, contrairement aux prophètes primitifs dont on parle dans le prochain volume de cet ouvrage, est appelé à utiliser son intelligence pour formuler cette prophétie avec des paroles, sans rien modifier.

En effet, lorsque l'apôtre Paul déclare que les esprits des prophètes sont soumis aux prophètes, il ne parle pas du Saint-Esprit. D'ailleurs le mot « esprits » est au pluriel. L'apôtre voudrait dire que lorsque le prophète parle, il n'est pas hypnotisé, il n'est pas nécessairement en extase, il est en revanche maître de lui-même, il sait se maîtriser et se contrôler, il connaît aussi les mouvements de son corps. C'est comme cela que se manifeste tout charisme divin : dans la maîtrise de soi. Ces déclarations sont une lumière pour discerner si une manifestation est démoniaque ou simplement charnelle. C'est qu'après l'effervescence, la personne ne connaîtra ni les paroles qui se sont échappées de sa bouche, ni les mouvements et les gestes qu'elle a faits.

Ne vous y trompez pas, les démons savent imiter les voix, ils peuvent parler avec la voix d'une personne vivante ou morte, à laquelle ils vont s'identifier pour tromper la vigilance. C'est l'une des astuces préférées du Malin.

Le prophète était/est en mesure de transmettre le message qu'il recevait/reçoit de la part de Dieu, de façon appropriée et adéquate. C'est pourquoi ce prochain volume traite de quelques principes de transmission des messages prophétiques. Toutefois, aujourd'hui encore, comme auparavant, Dieu parle de vive voix. Il ne parle pas toujours avec une voix de tonnerre[1]. Parfois, Il parle avec une voix comme celle d'un homme[2], parfois dans des sons doux et légers[3], parfois avec une voix comme le son de grandes eaux[4].

À l'époque de l'Ancienne Alliance, l'Esprit de Dieu descendait périodiquement, seulement sur quelques personnes, souvent en nombre très restreint. Cependant, dans la Nouvelle Alliance, Dieu qui vit au dedans de tous ceux qui ont reçu Christ en eux, leur parle aussi bien par une voix intérieure qui raisonne en eux comme une pensée. Néanmoins, il se peut que ce soit souvent pour insister auprès des chrétiens qui sont douteux ou distraits, négligents ou lents à réagir, à qui Dieu parle avec une voix audible. Parfois, c'est à des gens aux cœurs endurcis, comme l'effréné devin Balaam qui, pour des gains matériels, s'obstinait à aller maudire un peuple béni de Dieu. Cependant, Dieu parle aussi très souvent par des convictions qu'Il imprime dans les cœurs.

On a tellement manqué de discernement, au point d'attribuer au Saint-Esprit tous les brouhahas et manifestations désordonnées et bizarres auxquelles on assiste dans au milieu des chrétiens. Cet aveuglement est déjà une porte qu'on a laissée ouverte pour les agents du Malin qui ont infesté l'Église : des charlatans, féticheurs et occultistes et des gens possédés par des démons.

Chez nous en République Démocratique du Congo, les esprits impurs sont appelés « MIKALAYI » ou « MIKENDI », selon les dialectes. Ils se font passer pour Dieu afin d'être vénérés. Ils se manifestent même dans les églises locales pour tromper la vigilance et égarer. C'est avec leur concours que les charlatans prétendent être prophètes, alors qu'ils obtiennent à travers ces esprits démoniaques, des informations sur les vies des gens.

---

[1] Exode 20 :18-19 ; Jean 12 : 28-30.
[2] 1 Samuel 3 :4-5.
[3] 1 Rois 19 :12-13.
[4] Apocalypse 1 :15.

2) Rêves (Songes) spirituels

Il y a des rêves spirituels, émanant des sphères célestes ou spirituelles, perceptibles à travers l'intuition de l'esprit du rêveur ; ainsi que des rêves naturels, émanant de l'âme du rêveur. Le rêve est défini comme étant « une combinaison d'images ou de représentations, résultant de l'activité psychique pendant le sommeil[1] ». C'est une définition apparentée à celle du songe[2], et qui fait référence aux rêves émanant de l'âme du rêveur. L'homme, ou l'âme, est en permanence attaché(e) à son corps. Ces deux parties ne se séparent qu'à la mort, c'est-à-dire lorsque l'âme, appelée aussi souffle de vie, quitte le corps physique. Par contre, l'esprit de l'homme n'est pas figé dans ce corps, il est plutôt volatil et peut à tous moments le quitter sans que l'homme s'en aperçoive, car il ne le contrôle pas du tout.

Lorsque le corps physique humain est fatigué, s'assoupi et s'endort, l'esprit du sujet, naturellement toujours disposé[3] est en éveil. Ordinairement, son activité principale pendant ce temps de sommeil, est en rapport avec l'âme du sujet, si cet esprit n'est pas en train de se promener dans les sphères célestes ou spirituelles, où il lui arrive naturellement de voir, entendre, et ressentir cet environnement. Cependant, le sujet ou la personne est inconscient(e). Alors, l'esprit passe en revue les sentiments du sujet, ses émotions, pensées dominantes, projets qui le tiennent à cœur ou préoccupations, des choses, situations ou personnes que le sujet aime passionnément, qu'il hait ou craint effroyablement.

C'est cela qui forme les multiples rêves naturels. C'est dans ce contexte que l'Ecclésiaste dit que « les rêves naissent de la multitude des occupations[4] », Tout homme a des rêves naturels, lorsqu'il dort, même s'il ne se souvient de rien à son réveil.

---

[1] **Dictionnaire universel**, édition spéciale pour la République Démocratique du Congo, Hachette, 2008, p. 1087.

[2] Idem, p. 1169.

[3] Marc 14: 28.

[4] Ecclésiastes 5 : 2.

Certains pensent qu'ils ne rêvent jamais, d'autres disent qu'ils oublient souvent leurs rêves, c'est aussi bien normal.

Rêve et songe disent exactement la même chose, pas besoin d'y chercher une différence. D'ailleurs, dans la Bible hébraïque, on n'a que la seule racine חלם [ḥalâm][1], qui fait référence à la fois au songe et au rêve[2]. Ce sont les traducteurs qui l'ont traduit, certains par « songe » et d'autres par « rêve », selon leurs convenances. C'est par préférence ou convenance que les uns utilisent le terme « songe » pour désigner un message qui vient de Dieu.

Les rêves spirituels proviennent de deux sources : Dieu et le monde de Satan. En effet, Dieu parle aussi par des rêves, appelés aussi visions nocturnes[3]. Lorsque le rêveur ou son âme, accède inconsciemment à l'intuition de son esprit, c'est-à-dire pendant qu'il dort, c'est un rêve spirituel.

Concernant les rêves spirituels qui proviennent de Dieu, les images que l'on y voit sont soit des visions des réalités du monde céleste ou spirituel, soit des illustrations des messages que Dieu veut communiquer. Lorsqu'il s'agit d'illustrations, les rêves sont souvent énigmatiques.

Dieu étant Esprit, l'homme ne peut communiquer parfaitement et véritablement avec Lui que par son esprit. C'est l'esprit ou corps spirituel de l'homme qui communique parfaitement avec Dieu. Ainsi, le message de Dieu à l'homme est souvent illustré avec des images que celui-ci apercevra pendant que son âme sera en état subconscient[4], ou son inconscient[5]. Pour attirer l'attention de l'homme, Dieu fait toujours que son message soit parmi les dernières images que l'homme verra avant son réveil. Par des rêves spirituels, Dieu donne des avertissements, des directives, directions, des révélations, etc., dans lesquels Il met un sceau sur Ses instructions, afin de détourner l'homme du

---

[1] Daniel 2: 4.
[2] Idem.
[3] Job 33 : 15-18.
[4] Dans un mi- sommeil.
[5] Dans un profond sommeil.

mal et l'en préserver. Dans le rêve spirituel, Dieu utilise souvent pour symbole des choses qui font souvent partie de la vie de l'homme, pour lui permettre de les reconnaître, même s'il n'en comprendra pas tout de suite l'interprétation.

Toutefois, un même symbole ne signifiera pas toujours la même chose dans tous les rêves spirituels. Paradoxalement, plusieurs symboles peuvent exprimer une même vérité. S'il y a un message de Dieu dans un rêve, ce rêve est toujours particulier.

On peut oublier une partie de ce dont on a rêvé, cependant, on ne peut complètement ou définitivement oublier un rêve dans lequel Dieu a parlé. Il S'arrange toujours pour y apposer un fait très marquant pour attirer l'attention. Par exemple, un rêve eschatologique, des rêves complémentaires ou un même rêve qui est rêvé avec interruptions, lorsqu'on se réveille les images font une pause, puis continuent lorsqu'on se recouche. Des rêves de ce genre, peuvent prendre parfois des jours pour s'achever. Il y a aussi des rêves répétitifs, parfois avec redondance, qui reviennent parfois avec des images différentes[1], pour signifier attirer l'attention sur le fait qu'il s'agit des résolutions divines indéfectibles.

Le don des songes est une manifestation par la grâce divine par le Saint-Esprit, qui rend **souvent** un homme apte de capter dans ses rêves, des messages de Dieu. Ces rêves sont souvent appelés des prophéties reçues de manière inconsciente.

Un rêve spirituel peut provenir aussi du monde des ténèbres, où le Malin a établi son royaume et son quartier Général[2], pour faire obstruction aux prières des hommes et aux réponses de Dieu[3]. C'est ainsi que le monde des ténèbres ou les occultistes font rêver, et dans leur imposture ils vont prétendre révéler ces rêves, connaissant pertinemment bien la provenance. Cependant, ce genre de rêve n'arrive qu'aux agents inconscients du Malin, à ses agents conscients qui ont contracté des pactes, qui s'introduisent et opèrent avec des démons dans les sphères

---

[1] Genèse 37 : 6-7, redondance au v. 9, ou Genèse 41 : 2-4 redondances aux v. 5-7.
[2] Éphésiens 6 : 12.
[3] Daniel 10 : 13.

spirituelles ou célestes, aux chrétiens charnels ainsi qu'aux païens, qui vivent tous dans le péché. Ce sont parfois des rêves d'initiations ou des pratiques inconscientes de l'occultisme, de la sorcellerie, de la magie, etc., des rêves où le sujet voit ce que des démons ou des occultistes font avec son esprit ou son corps, des rêves où le sujet se voit souvent avec une personne de sexe opposé, faire des étreintes, ou en pleins ébats. Toutefois, les rêves provenant du monde des ténèbres ne peuvent arriver aux hommes spirituels, ce monde ne peut plus avoir accès à eux, car le sang de Jésus les couvre, et la lumière divine brille sur eux.

Quelques éléments caractéristiques

Un rêve qui incarne un message de Dieu :

- revient toujours à la mémoire. Soit dès le réveil, soit après un moment si l'on s'est réveillé en sursaut. On ne l'oublie pas complétement, ni définitivement. Les détails importants restent gravés dans la mémoire pendant une longue période ;
- révèle toujours une situation actuelle, proche ou future dont il faut prendre des dispositions[1]. Il se réalise, ou trouve toujours une explication dans la suite du temps ;
- est toujours clair et net, bien que souvent énigmatique, d'où il nécessite une interprétation. Cependant, il ne s'écarte pas de la Parole de Dieu ;
- ne sème pas de haine ni de méfiance, il répand plutôt l'amour de Dieu, en installant un climat de confiance, révélant la pensée de Dieu et les stratégies du Malin.

Quelques conseils

- Prier pour que Dieu donne l'interprétation et dise ce qu'Il veut que l'on fasse. Tout rêve n'est pas à transmettre ou à raconter ;

[1] Genèse 20 :3 et 6 ; 31 : 10-11 ; 37 :5, 41 : 1-7 ; Juges 7 : 11 et 13.

- Ne pas se forger soi-même une interprétation, ni en chercher une à tout prix, car il y a des songes qui n'ont d'interprétation qu'à leurs réalisations ;
- Avoir l'habitude de lire la Parole de Dieu, la méditer et y chercher la compréhension des rêves et non leur interprétation littérale ;
- Avoir des moments longs, précis et réguliers pour se recueillir en prière, et l'habitude de faire des prières spécifiques pour chaque rêve ou type de rêve dont on a ou pas compris l'interprétation ;
- Ne pas trop manger le soir, surtout avant de dormir, un ventre trop plein a de l'influence sur les rêves ;
- Avoir l'habitude de dormir dans un environnement calme, surtout lorsque votre charisme n'est pas encore mature. Un environnement bruyant, même musical, attirera votre attention au réveil, risque de vous faire oublier sur le champ et momentanément un détail important ;
- Avoir l'habitude de dormir à des heures précises, ne pas dormir trop tard, ni attendre d'être trop fatigué pour dormir ;
- Rechercher toujours la paix avec Dieu, et avec tous avant de se coucher ;
- Avoir l'habitude de rester calme à son réveil, et prendre quelques minutes pour se remémorer le rêve, y méditer et prier avant toutes autres choses ;
- Avoir l'habitude de toujours noter des rêves marquants dans un carnet à conserver avec soin ;
- Ne confier son rêve qu'aux personnes matures, les plus proches, ou aux responsables ecclésiastiques. N'en parler avec le concerné que lorsqu'on en a une conviction assez forte.

3) Visions

Une vision est toujours spirituelle. C'est une image que l'on perçoit consciemment[1], à travers l'intuition de l'esprit, sur des réalités soit des sphères spirituelles ou célestes, soit du monde physique dans un lieu différent de celui où l'on est[2]. Tout comme les rêves, les visions peuvent aussi être des illustrations des communications du monde spirituel. Lorsqu'il s'agit d'illustrations, les visions sont souvent énigmatiques.

Différeraient au rêve, ici la source humaine est invalide pour les hommes normaux. Elle est supposée valide pour les mythomanes, car un homme normal ne peut aucunement créer une véritable vision. Les visions du chrétien spirituel ne peuvent provenir que de Dieu uniquement. Car le monde des ténèbres ne peut plus avoir accès à lui. Le sang de Jésus le couvre, et la lumière divine brille sur lui.

À l'instar du rêve, on peut voir dans une vision, des images statiques ou dynamiques, de longue ou de courte durée, avec ou sans voix. Cependant, il n'y a pas de vision permanente ni constante, car Dieu ne permet pas à un homme d'être en permanence conscient de son esprit. Si Dieu le permet momentanément, c'est pour un objectif précis. La ligne de démarcation entre une vision et un rêve se situe au niveau de la conscience : celui qui voit une vision n'est pas dans un sommeil quelconque, il est plutôt pleinement conscient de ce qu'il voit. Consécutivement à la mise en garde de l'Ecclésiaste[3], tout le monde peut avoir des visions de la part de Dieu, chrétien ou pas. Il s'agit des visions qui impliquent nécessairement un programme divin, concernant un serviteur de Dieu, l'Église universelle, une église locale, ou une nation. C'est le cas des visions de pharaon et de Nabuchodonosor, qui étaient tous des païens, ils ont toutefois aperçu des visions de la part de Dieu. En effet la Bible rapporte,

---

[1] 2 Rois 6 : 16 ; 2 Samuel 24 : 16-17.
[2] 2 Rois 6 : 8 -12, 32-33.
[3] Ecclésiaste 5 :3.

depuis Genèse jusqu'à l'Apocalypse, des expériences spirituelles que Dieu a permises aux hommes[1], des juifs comme des païens.

C'est Dieu qui choisit minutieusement et expressément les éléments et le moment de la vision. Dieu choisit même la nature et la longueur des images, et aussi ce qui doit être retenu après la vision. Ce n'est donc pas un hasard de voir ou de ne retenir que tel élément, telle créature ou telle couleur, etc. Lors d'une vision, on voit s'élargir notre champ de perception, ainsi que nos connaissances, dans le temps et dans l'espace. À ce moment-là, on est directement connecté à Dieu, Lui qui connait et voit tout, Il nous fait voir une infime partie de ce qu'Il voit. C'est ainsi que certains prophètes ont prédit avec précision des évènements qui se sont accomplis plusieurs siècles plus tard, ils ont même précisé des lieux, des dates, des circonstances et parfois même des noms.

On peut parfois même avoir des sensations physiques, cependant, **tout dépend de Dieu**. Toutefois, ces incidences physiques ne sont pas causées par des sentiments, ni par des émotions. C'est plutôt l'inverse. Plusieurs confondent l'effervescence causée par un mouvement spirituel et celle causée par des sentiments et des émotions.

Quelques conseils

- Prier pour que Dieu donne l'interprétation et dise ce qu'Il veut qu'on fasse, car toute vision n'est pas à transmettre ou à raconter. Il y a des visions dont la transmission immédiate n'est ni urgente, ni nécessaire. C'est le cas de certaines visions de Daniel, qui furent découvertes plus tard dans son livre ;
- Ne pas se forger une interprétation, ni en chercher une à tout prix, car il y a des visions qui n'ont d'interprétation qu'à leurs réalisations ;
- Avoir l'habitude de lire la Parole de Dieu, de la méditer et d'y chercher la compréhension des visions et non leur interprétation littérale ;

[1] Genèse 15 : 1, Genèse 46 : 2, Daniel 9 : 21, Actes 11 : 5, 2 Corinthiens 12 : 2-4, Apocalypse 1 : 1-2, 10-12.

- Avoir des moments longs, précis et réguliers pour se recueillir en prière, et l'habitude de faire des prières spécifiques pour chaque vision dont on a compris l'interprétation.

4) Connaissance

Il y a des choses que l'esprit de l'homme connaît déjà, du fait qu'il peut se détacher du corps physique et sillonner dans les sphères spirituelles sans que l'homme en soit conscient, et n'en sache quoi que ce soit. En d'autres termes, par son esprit un homme normal connait de manière inconsciente beaucoup de choses, d'endroits, etc. peut-être même des personnes. Cependant, il restera consciemment ignorant de tout cela, parce qu'il ne peut pas de manière naturelle être conscient de son esprit. Quoiqu'il en soit, cette connaissance inconsciente est limitée dans le temps et dans l'espace. C'est-à-dire elle ne concerne que le temps présent. Cependant, le Saint-Esprit, par ce charisme[1], révèle à un homme des vérités illimitées par rapport au temps et à l'espace, tant de la sphère physique que des sphères spirituelles ou célestes. C'est de cette connaissance qu'il s'agit, lors d'une manifestation de ce charisme. Lorsque Dieu donne une parole de connaissance, c'est avec précision, car depuis l'éternité Il connaît chaque situation ou problème avant son existence dans le temps et dans l'espace. Sa parole concerne des choses qui sont/arrivent telles qu'annoncées. Le récipiendaire reçoit la révélation d'une vérité quelconque sans aucun moyen naturel ou humain, il ne devine pas, ni ne se base sur l'expérience, l'histoire, ou quoi que ce soit. C'est l'Esprit de Dieu qui révèle la vérité à son esprit. L'homme la ressent avec conviction dans son âme, précisément dans sa conscience, soudainement et spontanément, comme une pensée.

L'objectif divin ici est précis : avertir, prévenir, affermir, informer, résoudre un problème, confirmer, encourager, arrêter une contestation, stimuler la foi[2], stimuler une action, contribuer à l'évangélisation[3], imprimer la crainte de l'Éternel, marquer Son

---

[1] 1 Corinthiens 12 : 8.
[2] Jean 1 : 48-50.
[3] Jean 4 : 28-30.

omniprésence et omniscience[1]. Dieu donne ce charisme pour révéler sa proximité dans un lieu, et son omniscience en donnant des révélations précises en temps réel, parfois même sur des réalités personnelles et intimes.

Les paroles de connaissance sont des vérités précises, sur des sujets ou domaines précis et/ou particulier, sur un état, une nature, une identité, une origine, un évènement, un lieu, un besoin, une circonstance, un moment, un temps ou un espace. Les paroles de connaissance ne sont pas des rapprochements à la réalité, elles n'évoquent pas des vérités approximatives. C'est plutôt une vérité claire, précise et tangible.

Quelques paroles de connaissance dans la Bible

- Aujourd'hui, quand tu m'auras quitté, tu rencontreras deux hommes près du tombeau de Rachel, à Tseltsah, dans le territoire de Benjamin. Ils te diront : les ânesses que tu es allé rechercher ont été retrouvées...[2]
- Allez au village qui est devant vous, vous trouverez aussitôt une ânesse attachée, et un ânon avec elle[3] ;
- Voilà un véritable Israélite, un homme d'une parfaite droiture, avant même que Philippe t'appelle, lorsque tu étais sous le figuier, je t'ai vu[4].
- Tu as eu cinq maris, et celui que tu as maintenant n'est pas ton mari. En cela tu as dit vrai[5].
- Tu as menti au Saint-Esprit en cachant le prix réel de ton champ pour en détourner une partie à ton profit. Ce n'est pas à des hommes que tu as menti, plutôt à Dieu[6].

---

[1] Actes 5 : 11.
[2] 1 Samuel 10 : 2-8.
[3] Matthieu 21 : 2.
[4] Jean 1 : 47-48.
[5] Jean 4 : 18.
[6] Actes 5 : 3-4.

- L'homme à qui appartient cette ceinture, les Juifs le lieront de la même manière à Jérusalem, et le livreront entre les mains des païens[1].

Quelques conseils

- Avoir le courage, lorsqu'il le faut, de transmettre une révélation que l'on a reçue, avec exactitude, humilité et maîtrise de soi, sans ajouter ni retrancher ;
- Avoir l'habitude de lire et de méditer la Parole de Dieu ;
- Avoir des moments longs et précis pour se recueillir en prière ;
- Avoir l'habitude d'examiner les évènements, les moments, les temps et les circonstances à la lumière de la Parole de Dieu ;
- Ne jamais négliger ou prendre à la légère une conviction profonde que l'on reçoit ;
- Éviter des discussions stériles et inutiles, la tendance de chercher à convaincre les gens sur une chose qui n'est pas encore accomplie.

5) Sagesse

Il ne s'agit pas de l'accession à la sagesse. Il s'agit plutôt de l'acquisition de la sagesse. Ce n'est pas une intelligence ou une sagesse que l'on acquerrait à travers un processus graduel d'instruction, d'éducation ou par expérience. C'est plutôt la sagesse de Dieu, accordée à un homme, une aptitude surnaturelle[2], une connaissance supérieure, une intelligence pour interpréter les rêves, trouver la solution des énigmes, résoudre des problèmes difficiles, sociaux ou spirituels, en apportant une sage orientation aux hommes, pour leur bien et celui de l'Église ou de la nation[3]. C'est donc une connaissance divine, comme le dit l'apôtre Paul[4]. En effet, la sagesse va toujours de pair avec l'intelligence. C'est pourquoi on pourrait comparer cette sagesse à l'intelligence des temps qu'avaient certains vaillants hommes de

---

[1] Actes 21 : 11.
[2] 1 Corinthiens 2 : 13.
[3] Daniel 5 : 12 et 6 : 3 ; Genèse 41 : 34-37, 1 Corinthiens 12 : 8.
[4] Éphésiens 1 : 17-18.

David. Il est écrit qu'ils savaient discerner comment Israël devait agir en fonction des circonstances[1].

Le livre des proverbes enseigne la sagesse, et l'homme sage sait quoi dire et quoi faire en fonction des circonstances. Les dirigeants ecclésiastiques, étatiques, hommes politiques et les dirigeants des sociétés devraient manifester ce charisme ou, le cas échéant être entourés des récipiendaires. Le charisme de connaissance révèle des vérités, tandis que celui de la sagesse va jusqu'à édifier, apporter orientations et des directives, clarifier la volonté divine, afin d'avertir et guider sur la bonne voie.

Ceux par qui le Saint-Esprit manifeste la sagesse donnent et soutiennent souvent des sages conseils, résolvent des différends sur des sujets différents, tels que des problèmes sociaux et des sujets doctrinaux. Ils prodiguent des conseils selon la sagesse, la vision et le plan de Dieu, et non selon la sagesse humaine. Manifester ce charisme est une providence qui libère ou active la puissance de Dieu. On voit cette sagesse libérer un miracle après les conseils d'Élisée[2]. Cela arrive souvent à ceux qui écoutent et appliquent les conseils des hommes de Dieu. Ils peuvent vivre des miracles, guérisons, acquisitions et d'autres accomplissements prodigieux. Contrairement à ceux qui aiment juste écouter des paroles de connaissance, pour satisfaire leur curiosité. Par cette sagesse, les récipiendaires sont capables de comprendre les vrais problèmes, les vrais besoins, et de donner les solutions idoines. Ils donnent des paroles de motivation, des sujets de prière et des recommandations précises qui rencontrent les réels besoins ressentis et non exprimés. Ils peuvent recommander un geste anodin, une offrande, un appel téléphonique, un déplacement ou une sortie, etc., et lorsqu'on suit ces directives, on arrive souvent à la réussite, ou ont évité un incident fâcheux.

On voit certains récipiendaires partager des directions particulières et précises, qui s'avèrent très salutaires pour l'Église[3], pour ceux qui auront été attentifs et qui se seront soumis à ces

---

[1] 1 Chroniques 12 : 32.
[2] 2 Rois 4 : 3-4, puis 7.
[3] Un exemple dans 1 Pierre 5 : 5-10.

directives lorsqu'elles sont données. Ces directions ou orientations peuvent paraître inappropriées, contradictoires ou banales, parfois elles sont minimisées par certains, à cause de l'apparence ou l'âge de celui qui les donne. Cependant, leur importance s'avère d'une nécessité capitale et même vitale dans la suite du temps.

Celui qui manifeste ce charisme est reconnu comme étant un homme sage, dont la sagesse est indéfectible. Il sera souvent sollicité pour prodiguer des conseils, prononcer des paroles sages, un verdict, afin de résoudre des différends, et y prendra plaisir, s'appuyant sur Dieu qui est sa source de sagesse, qu'il consulte très souvent avant de parler et d'agir.

Plusieurs personnes ont déjà témoigné avoir eu la vie sauve là où les autres ont trouvé la mort. Certains ont décroché un emploi, d'autres ont vécu un dénouement ou un événement heureux, simplement pour avoir obéi à une orientation précise d'un homme de Dieu, ou pour avoir obéi à une voix intérieure qu'ils ont distinctement entendue dans leur cœur, leur commandant d'agir à l'instant sans tarder, ou d'effectuer juste un déplacement de quelques pas, et ils ont échappé à un accident mortel qui a effectivement eu lieu dans la minute qui a suivi.

6) Discernement des esprits

C'est une aptitude acquise de la part de Dieu, de reconnaître distinctement Dieu ou un autre esprit (angélique, humain ou démoniaque). C'est la faculté de discerner leurs paroles, actions et procédés. Le Saint-Esprit permet au récipiendaire de ce charisme de reconnaître le « vrai », le distinguer du « faux »[1], le « spirituel », le distinguer du sentimental et de l'émotionnel, qui sont du domaine de l'âme.

Le discernement est une manifestation du Saint-Esprit, par laquelle Il éclaire et oriente l'Église dans la vérité, lorsque celle-ci est déformée ou mal transmise, ou lorsque celle-là se trouve sceptique devant un événement, un comportement ou une

[1] 1 Corinthiens 12 : 10, Hébreux 5 : 14.

situation confuse, une infestation des ténèbres, une erreur ou une hérésie dans un message ou un rite, ou des incohérences avec la Parole de Dieu. C'est alors que Dieu donne du discernement pour avertir et révéler les véritables motivations ou raisons.

Un chrétien mature a déjà un minimum de discernement devant une révélation, une manifestation ou un comportement quelconque observé dans l'Église et dans le monde. Des hommes parlent, agissent, réagissent, prophétisent et prêchent, habillés de telle ou telle autre manière, se servant de tels objets, se comportant de telle manière, procédant ou opérant de telle manière. Le discernement met tout en lumière pour séparer ce qui n'est pas de Dieu. Lorsqu'on a du discernement et qu'on on écoute un enseignement, l'exposé d'un songe ou une vision, une révélation, on assiste à des comportements, des manifestations, on doit être capable de déceler ce qui vient réellement de Dieu, ce qui vient du Malin et ce que l'homme aurait ajouté. Il peut y avoir des éléments où la majorité serait d'accord pour dire que tel élément est « vrai », « faux », « spirituel » ou « émotionnel », là où celui qui manifeste ce charisme pourrait contredire l'opinion. Il aura toujours raison dans la suite du temps. Car Dieu finit toujours par faire connaître la vérité[1].

C'est ainsi qu'on vous dira que tel n'est pas forcément un charlatan, tel n'est pas réellement rempli du Saint-Esprit, ou possédé par un démon, tel autre a simplement simulé. Tel est simplement sous le coup d'une effervescence de l'âme, c'est-à-dire emporté par ses émotions, et tel autre est vraiment touché par l'Esprit de Dieu. Toutefois, une parole vraie peut sortir de la bouche d'un imposteur[2], cela ne veut pas dire qu'Il est rempli du Saint-Esprit.

C'est pourquoi, il est important pour chaque chrétien, de connaître à fond la Parole scripturaire de Dieu, et d'apprendre à écouter et discerner la voix, les voies et les procédés de Dieu. Car, le Malin, qui était le plus beau des anges, se délecte de prendre plusieurs formes à sa guise, au-delà des formes humaines, il se

---

[1] Jean 8 : 32.
[2] Un exemple dans Actes 16 : 16-18.

déguise aussi en ange de lumière[1], pour séduire s'il était possible, même les élus[2], fasciné par son stratagème favori, d'imiter des voix et des apparences, pour tromper et égarer. Ainsi font tous ses agents, démoniaques et humains.

7) Gouvernement

C'est une aptitude spirituelle accordée par le Saint-Esprit, à ceux qui sont appelés à diriger[3] l'Église, notamment les apôtres, les évêques ou pasteurs, appelés aujourd'hui Anciens de l'Église[4], ainsi que leurs collaborateurs. Il peut arriver aussi, dans des cas exceptionnels, que le Saint-Esprit donne cette capacité à ceux qui doivent diriger une structure, organisation ou institution sociétale ou étatique. En effet, on peut exercer un leadership divin dans un domaine de la vie sociale ou politique. Joseph l'a fait en Égypte, tous les juges, David en Israël, Salomon au tout début de son règne, Daniel à Babylone. Leur leadership, dans l'Église tout comme dans la vie politique ou sociale, s'est avéré d'une importance capitale, parce qu'ils ont mené le peuple vers des voies de sortie en situation difficile, donnant des stratégies pour la réussite et la victoire.

B. Charismes de transmission

1) Parler en langues

L'origine de cette manifestation remonte à la fête de pentecôte qui marqua la venue du Saint-Esprit sur les disciples de Jésus. Des juifs, dont la plupart n'étaient pas beaucoup instruits et n'avaient jamais quitté leurs pays, s'étaient mis à parler en des langues qu'ils n'avaient jamais parlées auparavant ni apprises. Cela avait provoqué la surprise, l'étonnement et beaucoup de controverses de la part de ceux qui les entendaient à partir du dehors.

---

[1] 2 Corinthiens 11 : 14.
[2] Matthieu 24 : 24.
[3] 1 Corinthiens 12 : 28.
[4] Actes 14 : 23, Actes 15 : 4 et 22, Actes 20 : 47, Jacques 5 : 14.

C'est l'un des signes de la plénitude du Saint-Esprit[1], qui a lieu très souvent pendant les moments de prière, de louange ou d'adoration. Pour cela, l'homme doit préalablement s'être plongé à fond dans la prière, la louange et l'adoration, et un temps relativement assez long doit s'être écoulé, pour que celui-ci puisse accéder à cette dimension et manifester ce charisme. À cette dimension, ce n'est plus l'homme qui parle, ce n'est même pas lui qui articule les mots dans sa bouche. Il parle sous l'impulsion et le contrôle du Saint-Esprit[2]. Il ne le peut pas si cela ne lui est accordé par le Saint-Esprit, à chaque fois et sur le champ. Chaque fois qu'il parlera, il ne dira pas des mots de son imagination, pas nécessairement les mêmes qu'il aurait prononcé précédemment. Il sera simplement conscient du fait qu'il dit des mots inhabituels et inconnus. Le Saint-Esprit peut parler dans une langue des hommes[3], connue ou pas du récipiendaire et des interlocuteurs ou de l'assistance. Il peut parler aussi dans la langue des anges[4], que les hommes ne connaissent pas du tout. Cette manifestation est l'un des signes qui accompagnent ceux qui croient[5] et qui sont à l'instant-là remplis du Saint-Esprit. En effet, le chrétien qui reçoit Jésus-Christ en lui reçoit instantanément le baptême du Saint-Esprit[6]. Cependant, la plénitude du Saint-Esprit est une toute autre réalité, une expérience conditionnelle qui n'a pas lieu nécessairement au même moment que la conversion, mais qui doit avoir lieu chaque jour dans la vie du chrétien pour la manifestation des charismes, la croissance spirituelle, etc. Pour celui qui est très réceptif, les deux expériences peuvent instantanément avoir lieu le jour de la conversion. Les signes de la plénitude du Saint-Esprit sont multiples, variés et contrôlés par le Saint-Esprit Lui-même. Ce n'est pas l'homme qui choisit de manifester tel signe, de parler telle langue. Prétendre que le chrétien qui ne parle pas en langues n'est pas spirituel, ni baptisé/plein du Saint-Esprit, est donc une hérésie.

Parler en langues a trois rôles principaux : **transmettre au Père** la prière d'un homme, tout en **sondant** les profondeurs

---

[1] Marc 16 : 17.
[2] 1 Corinthiens 12 : 10 ,28 et 30.
[3] Actes 2 :4-12.
[4] 1 Corinthiens 13 :1.
[5] Marc 16 : 17.
[6] Matthieu 3 : 11, Romains 8 : 9-10.

de son âme, de son corps et de son esprit pour compléter à cette prière ce qui y manquerait, ou qui y conviendrait[1], pour son édification[2]. Notons que cette transmission se fait d'une manière et avec des mots qu'aucun homme ne peut exprimer[3]. Par ailleurs, l'apôtre Paul parle des paroles ineffables qu'il n'est pas permis à un homme d'exprimer[4]. Étant donné que le Saint-Esprit peut parler en langues à travers tout chrétien, comme Il l'a fait avec tous les disciples la première, fois qu'Il est descendu sur eux, il y a un troisième rôle du parler en langues, qui est celui de **transmettre à l'Église** un message crypté en langues, de la part de Dieu. Il faudrait là, qu'il y ait dans la salle une autre personne qui interprète ce message[5].

À ce sujet, Derek Prince a témoigné ce qui suit :

« Le soir suivant, je me trouvai à nouveau en train de parler en une langue inconnue, mais elle était clairement différente de celle dans laquelle j'avais parlé la veille. Cette fois, je remarquai que les mots avaient un rythme poétique très prononcé. Après quelques instants de silence, je commençai à parler dans ma langue maternelle, mais ces paroles n'étaient pas inspirées par moi, et leur contenu était d'un niveau bien supérieur à ma propre compréhension. Elles semblaient aussi avoir un rythme similaire aux paroles prononcées auparavant dans cette langue inconnue. J'en conclus que les paroles dites dans ma langue maternelle étaient une interprétation de la langue inconnue dans laquelle je m'étais exprimé. Une brève partie de ce que j'ai alors dit dans ma langue maternelle reste gravé de manière indélébile dans ma mémoire. Dans un tableau très vivant, elle dépeignit le plan de Dieu pour ma vie. En regardant les cinquante dernières années, je peux voir comment le plan de Dieu s'est réalisé - et est en train de se réaliser encore - jusqu'à ce jour dans ma vie[6] »

---

[1] 1 Corinthiens 14 : 2 et 4, Romains 8 : 26.

[2] 1 Corinthiens 14 :4.

[3] Romains 8 : 26-27.

[4] 2 Corinthiens 12 : 4.

[5] 1 Corinthiens 14 : 3, 23-24.

[6] Derek PRINCE, **L'effervescence dans l'Église**, Derek Prince Ministries-International, 1996, p. 20.

Ça c'est Derek PRINCE.

2) Interprétation

C'est l'aptitude d'interpréter instantanément un message qui est transmis en langues[1], non une prédication ou un discours. Dans son omniprésence et son omnipotence, le Saint-Esprit qui a donné un message dans une langue inconnue de l'assistance, interprète ce message par la bouche d'une autre personne à qui Il donne la capacité d'en comprendre la quintessence, l'idée claire et exacte, car le récipiendaire ne comprendra pas à chaque fois mot à mot une langue, ni chaque élément/détail du message, du rêve ou de la vision. Néanmoins, il arrive aussi que le Saint-Esprit le rende le récipiendaire capable de comprendre aussi des mots, des paroles, des cris, des bruits et des pleurs. Celui qui manifeste ce charisme ne fournit aucun effort pour interpréter un message ou un songe, cela lui est révélé sur le champ par le Saint-Esprit[2]. Depuis l'Ancienne Alliance, ce charisme a été manifesté pour interpréter des rêves et des visions. On peut lire dans la Bible que Pharaon avait dit à Joseph : « j'ai entendu dire qu'il te suffit d'entendre raconter un rêve pour pouvoir l'interpréter » Joseph lui répondit : « Ce n'est pas moi, c'est Dieu qui donnera au pharaon l'explication qui convient[3] ».

Une même personne peut manifester à la fois le charisme de parler en langues et celui de les interpréter. Cependant, pour des raisons de crédibilité, lorsqu'il y a une révélation donnée dans les langues inconnues, Dieu agit souvent de telle manière qu'à l'instant même de la transmission, c'est souvent une autre personne qui en reçoit l'interprétation[4].

C. Charismes de puissance

Ce sont des charismes particuliers, qui sont manifestés pour des missions particulières. Leurs manifestations sont des supports de la parole de Dieu, lorsqu'Elle est transmise à des

---

[1] 1 Corinthiens 12 : 10.
[2] Genèse 41 :16, 25-32.
[3] Genèse 41 :15-16.
[4] 1 Corinthiens 14 : 26.

incrédules[1]. En effet, Jésus fit beaucoup de miracles pour susciter et stimuler la foi, amener les hommes à Le reconnaître comme le Messie/Christ, reconnaître aussi leur état de péché et se repentir[2]. Toutefois, il y a des lieux où Il n'en fit pas beaucoup, tellement les gens étaient incrédules[3].

Cependant, lorsque le Saint-Esprit Se manifeste à travers les chrétiens par ces charismes, Il fait intervenir Sa main/puissance et libère Ses provisions pour faire connaître l'amour de Dieu, la grâce de Jésus Christ, Sa grandeur, Sa gloire, Son omnipotence, Sa proximité, afin que les hommes arrivent à Le louer et L'adorer. C'est pour cela que Dieu dit plusieurs fois, dans la Bible : « Ainsi vous saurez que Je suis l'Éternel[4] ». Le Saint-Esprit intervient dans des situations et des cas considérés impossibles à réaliser avec les moyens et procédés des hommes. Les récipiendaires ne paniquent pas, ils ont fermement confiance en Dieu. Ce n'est pas qu'ils savent déjà nécessairement ce que Dieu va faire ou non. Certes, la foi ne nous amène pas à imaginer que Dieu ferait naturellement des choses qui sont en contradiction avec les Écritures qui expriment Sa volonté parfaite. La foi ne nous fait pas précéder sur voie quelconque pour obliger Dieu, qui est souverain, à nous y suivre parce que nous l'avons confessé. La foi nous fait plutôt savoir, comprendre, croire, confesser et soumettre à la Parole de Dieu[5].

Ceux qui ont la foi connaissent les volontés parfaites et permissives de Dieu, à chaque moment, en toutes situations. Ils s'appuient seulement sur les capacités et les promesses de Dieu. Cela leur suffit pour qu'ils recourent à la prière, sachant que c'est un canal par lequel Dieu agit dans la vie des hommes sur la terre. Lorsqu'ils prient, ils savent qu'il y a toujours des résultats, visibles ou invisibles. Ils supplient Dieu d'intervenir et confessent l'accomplissement de Ses volontés parfaites sur une situation, quelle qu'elle soit, difficile ou visiblement impossible, même à l'échelle communautaire, nationale ou mondiale. Et lorsque Dieu

---

[1] Matthieu 11 : 20-23. 1 Corinthiens 2 : 4.
[2] Ésaïe 35 : 5-6 et 61 : 1, Matthieu 11 : 2-5.
[3] Matthieu 13 : 58.
[4] Exode 10 : 2.
[5] Hébreux 11 :3.

répond favorablement à leurs prières, ils ne s'en vantent pas, tout le monde est surpris, loue et adore Dieu : le récipiendaire du charisme, le bénéficiaire et les spectateurs.

Pour sanctionner à la sécheresse un peuple idolâtre, le prophète Élie déclara par la foi qu'il ne plût point sinon à sa parole, et il en fut ainsi pendant trois ans et six mois[1]. Le prophète appuyait cette sanction sur un principe totalement divin, contenu dans une promesse divine[2]. Plus tard, il défia les idolâtres en déclarant que le Dieu qui répondrait en faisant descendre le feu, c'est celui-là qui est Dieu[3]. Élie croyait fermement dans son cœur que le feu descendrait du ciel lorsqu'il prierait. Il avait même pris le risque-péril de convoquer les quatre cent cinquante prophètes des baals[4]. Il voulait relever le défi de prouver qu'il était bien un serviteur de Dieu, surtout celui de montrer que le Dieu véritable est l'Éternel[5].

Il est vain d'attendre des réalisations sur des déclarations pharaoniques et abracadabrantesques, non fondées sur la Parole de Dieu, en prétendant imiter le prophète Élie, qui se trouvait, pourtant, dans des contextes historiques, théologiques et spirituels bien précis et différents de notre époque. Même le contexte et l'objectif des miracles de Jésus étaient différents. Jésus a accompli ou utilisé des miracles, non pour évangéliser, en revanche pour s'identifier par rapport à ce qui avait été prédit sur Lui[6], Il l'a fait pour convaincre, persuader et montrer Sa différence, Sa supériorité et confirmer Sa Parole. Aujourd'hui, on assiste beaucoup plus à la thaumaturgie, programmée comme un appas pour des gens qui ne cherchent que leurs satisfactions.

Or, ce qu'on peut connaître de Dieu est clair pour les hommes, Dieu Lui-même le leur ayant fait connaître. Depuis la création du monde, les perfections invisibles de Dieu, Sa puissance éternelle et Sa divinité se voient dans Ses œuvres quand on y réfléchit. Les hommes qui ne L'honorent pas et qui ne

---

[1] 1 Rois 17 :1.
[2] Deutéronome 28 ; 2 Chroniques 7 :13-14.
[3] 1 Rois 18 :24.
[4] Idoles de cananéens.
[5] 1 Rois 18 :36.
[6] Ésaïe 29 : 18, 35 : 5-6, 42 : 6-7, 42 : 16-18, etc.

respectent pas Sa volonté n'ont donc aucune excuse, car alors qu'ils connaissent Dieu, ils ont refusé de Lui rendre l'honneur que l'on doit à Dieu et de Lui exprimer leur reconnaissance. Ils se sont égarés dans des raisonnements absurdes et leur pensée dépourvue d'intelligence s'est trouvée obscurcie[1]. Dieu trouve Sa gloire en cachant Ses empreintes sur Ses œuvres[2], afin que l'homme les découvre, Le loue et L'adore, Lui le Créateur, Celui qui s'appelle « Je Suis », la Réponse à toutes les questions et la Solution aux situations impossibles dans la vie des hommes.

Ces charismes se développent avec une compréhension avancée de la Parole de Dieu. C'est cette Parole qui distille une mesure de foi supérieure et indéfectible, au point de pouvoir devancer et appréhender les actions divines, en fonction de Sa volonté parfaite et Ses provisions divines. C'est par la foi qu'il y a des guérisons miraculeuses et d'autres miracles, consécutivement à des prières et des déclarations souvent brèves et concises.

Les récipiendaires montrent leur foi et leur dépendance passent beaucoup de temps isolés en prière. Ils récipiendaires prennent souvent des risques énormes pour Dieu, confessent leur foi sans crainte ni peur, font des déclarations sur des évènements à venir, des situations ou des choses humainement impossibles. Et Dieu récompense leur foi par des réalisations. Toutefois, il y a des conditions préalables à la réalisation d'un miracle : une prière adressée au Père au Nom de Jésus, avec une foi ferme, persévérance et conformément au plan, à la Parole, aux promesses, à la volonté parfaite de Dieu. Une demande de choses dans lesquelles Dieu est honoré et glorifié, etc. C'est vrai que l'apôtre Paul recommande d'aspirer aux dons[3]. Aspirer n'est pas synonyme de prétendre, ou se prévaloir d'un charisme qu'on n'a pas. Si vraiment on a un charisme de puissance, il parlera de lui-même.

Quelques caractéristiques

[1] Romains 1 : 18-21.
[2] Proverbes 25 : 2.
[3] 1 Corinthiens 12 : 31.

- Les réalisations sont surnaturelles et complètes, sans aucun moyen traditionnel ni moderne ;
- Les prières sont généralement sans cri et de courte durée ;
- Ces charismes se manifestent souvent pour le bénéfice de l'autre : la Communauté, l'Église, la nation ou le monde entier.

1) Foi

C'est une grande foi[1], qui produit des exploits[2], qui triomphe du monde[3], où le récipiendaire exerce la foi d'une manière particulière[4]. Si par une foi ordinaire le Saint-Esprit guérit la malaria et la fièvre typhoïde, par le don de foi Il fera sortir un homme du coma, du frigo mortuaire, ou de la tombe, ouvrira les yeux d'un aveugle, fera marcher un infirme de naissance, ... Ce n'est donc pas une histoire où l'on dit « ça va quand même, continuons la kiné ». Non ! Il s'agit ici d'une démonstration de la puissance de Dieu.

2) Miracles[5]

C'est typiquement un charisme de foi dont les réalisations sont focalisées sur des situations difficiles, irréversibles et impossibles de la vie, telles qu'une infirmité, une malformation, la stérilité et même sur la mort.

Par ce charisme, le Saint-Esprit intervient pour décanter les situations, restaurer, réparer, guérir, régénérer des cellules, ressusciter, en réalisant ce qui est impossible et inconcevable à l'homme.

3) Guérisons[6]

C'est typiquement un charisme des miracles dans les cas de maladie, où des hommes sont guéris de façon surnaturelle,

---

[1] Matthieu 8 : 10 ; 15 : 28 ; Luc 7 : 9.
[2] Psaumes 60 : 14, et 108 : 14.
[3] 1 Jean 5 : 4.
[4] 1 Corinthiens 12 : 9.
[5] 1 Corinthiens 12 : 28.
[6] Idem.

sans traitement médical ni autre moyen naturel, traditionnel ou moderne.

4) <u>Thaumaturgie</u>

Le charisme est une manifestation du Saint-Esprit à travers un homme. À travers un charisme, c'est Dieu dans sa souveraineté, qui fait des miracles et non celui qui manifeste le charisme. Dieu n'agit jamais sous contrainte ni sous pression. Il agit quand Il veut, comme Il veut et où Il veut, sans l'avis ni le conseil d'aucun homme. Ainsi donc, lorsque nous manifestons des charismes, nous sommes sous la souveraineté et le contrôle de Dieu. Nous sommes des canaux à Sa disposition.

- Celui qui manifeste un charisme montre dépendance vis-à-vis de Dieu, dans son humilité, sa discrétion, la méditation de Sa Parole, la recherche de Sa volonté parfaite, la passion pour la prière et la soumission à Dieu. Car, les attentes de l'homme peuvent aller à l'encontre de la volonté parfaite de Dieu.

  Par contre, le thaumaturge démontre son indépendance vis-à-vis de Dieu, dans son orgueil, son arrogance. C'est pourquoi il opère quand il le veut, comme il le veut, où il le veut, avec des procédés et puissances sataniques, pour imposer sa propre volonté, en dépit de ses erreurs, afin d'en tirer gloire. C'est pour cela qu'il peut décider de ce qu'il veut, en fait un programme qu'il publie aux médias.

- Le charisme met Dieu au centre de tout, proclame l'Évangile de l'amour de Dieu et la grâce de Jésus Christ : venez à Jésus et vous serez sauvé.

  La thaumaturgie divinise l'homme et le met au centre de tout, prône un évangile de prospérité : venez à Jésus et vous aurez la guérison, un emploi, une promotion, réhabilitation, des richesses, un mariage, des enfants, etc.

I.3. Amener son charisme à la maturité

La première des choses à faire, c'est de chercher à bien connaître le charisme par lequel le Saint-Esprit devrait Se manifester en soi. On rencontre souvent des chrétiens qui auraient reçu un autre don, qui cependant veulent faire grandir en eux un autre don qu'ils n'ont pas reçu.

Peut-on espérer qu'un oranger pousse dans un jardin où il n'a pas été planté ! Peut-on cueillir des oranges sur un bananier ! Toutefois, il y a des charismes qui, arrivés à maturité, donnent naissance à d'autres. Par exemple, on peut trouver celui qui manifestait un charisme de révélation, manifester un jour un charisme de transmission, et plus tard un charisme de puissance.

Il faut préalablement connaître le charisme qu'on est sensé manifester, le cultiver et le choyer. Toutefois, c'est Dieu qui fait grandir un charisme, cependant, il faudra que l'homme manifeste sa soif de grandir, de vivre en communion avec Dieu[1], Une soif comme celle d'un cerf qui soupire après l'eau des ruisseaux[2], comme celle d'une fiancée qui soupire sur son lit, au long de la nuit, après son fiancé[3]. La soif chez un chrétien se manifeste quand il passe quotidiennement de longs moments dans la prière, écoute et étudie régulièrement la Parole de Dieu, et est sérieusement engagé et assidu dans le service divin. Il faut aussi de l'humilité, de l'obéissance, et de la patience. L'obéissance et la soumission à la Parole de Dieu, aux dirigeants, autorités et aux ainés.

La patience dans le processus de maturité, l'endurance dans les épreuves. Un cantique célèbre dit « et si l'épreuve survient dans ma vie, je sais ce qui est caché derrière cette épreuve ; même si je ne vois aucune joie, aucune consolation, je fais recours à Jésus et tout change. Lui qui soigne les petits oiseaux, et moi davantage[4] ». Il ne faut pas être pressé de voir

---

[1] 1 Corinthiens 3 :6.
[2] Psaumes 42 :1-3.
[3] Cantiques 3 :1-5.
[4] 277, NYIMBOZA WOKOVU, une traduction du recueil « Redemption Songs »

de grandes choses se réaliser tout de suite, ou du jour au lendemain.

En plus, il est nécessaire de demeurer au pied des devanciers. Il y a des domaines où l'on peut voler de ses propres ailes. Cependant, le domaine prophétique nécessite de demeurer aux pieds des devanciers pour apprendre, pour être avisé afin d'éviter des hérésies. Ainsi, on ne sera pas victime des surprises désagréables.

Il y a des choses qu'on peut apprendre par la lecture. Toutefois, il en a d'autres qu'on ne peut apprendre qu'en pratique. Il y a des choses qu'on n'apprend qu'aux pieds des ainés, ceux qui ont précédé dans le ministère. C'est au service de Saül que David avait appris, bien que Saül fût déjà rejeté. Samuel avait été appelé par Dieu. Cependant, il ne savait ni discerner cet appel ni comment y répondre. C'était le vieux Éli qui l'avait orienté. Il fallut à Samuel de l'humilité et de la soumission. Le service était déjà terminé cette nuit-là, et Samuel dormait déjà, lorsqu'il entendit Dieu l'appeler. Croyant que c'était Éli, il était allé lui répondre avec révérence, en dépit du fait qu'il devait naturellement être très fatigué, car c'était lui qui faisait les services d'aide : transporter, déplacer, amener...

Au lieu de demeurer aux pieds des ainés, de les consulter souvent, il y a des gens qui sont simplement avides se montrer publiquement, alors ils foulent aux pieds l'encadrement et les conseils de leurs devanciers. C'est comme un amateur de foot qui réclame de rejoindre les sélections des grands championnats. L'apôtre Paul, lors de sa conversion sur le chemin vers Damas, ne savait pas non plus à quoi Dieu l'avait appelé, il Lui demanda, et Dieu lui dit d'entrer dans la ville, c'est là qu'on lui dirait ce qu'il devait faire[1]. Il avait aussi trouvé des devanciers dans l'apostolat, cependant il ne les a pas évincés. Il est plutôt resté aux pieds des devanciers jusqu'à ce que Dieu ait déclaré : « Mettez à part pour moi Barnabas et Saul pour l'œuvre à laquelle je les ai appelés[2] ».

---

[1] Actes 9 : 6.
[2] Actes 13 :2.

C'est alors que les apôtres leur imposèrent les mains et les laissèrent partir.

Il y eut donc un temps considérable entre le chapitre 9 et le chapitre 13 du livre des Actes des apôtres. Il y a toujours un temps de préparation, où Dieu arrache la mauvaise herbe et renverse tout ce qui est obstacle à la mission, détruit le mauvais caractère et en reforme un nouveau, plante et construit tout ce qui est utile.

CHAPITRE II
INDISPENSABLES

De même qu'il y a des conditions requises pour une embauche dans une entreprise quelconque, il y a des préalables à l'exercice d'un ministère. Il s'agit principalement de la vocation et de l'appel, auxquelles s'ajoute la formation, dont aucun serviteur de Dieu ne peut être dispensé. La formation peut être antérieure à l'appel, dans ce cas c'est une préparation. C'est le cas de l'instruction de l'apôtre Paul aux pieds de Gamaliel[1], bien avant qu'il fût appelé à exercer son ministère[2]. La formation doit aussi être postérieure à l'appel et continuelle, comme une mise à jour, un renforcement des capacités. Il ne faut jamais estimer qu'on connaît tout, personne ne connait tout[3]. Un même passage peut nous apprendre plusieurs et différentes choses lorsqu'on le lit et relit plusieurs fois pendant des jours.

La question qu'on va aborder ici, est celle que se posent beaucoup de gens qui veulent servir Dieu, sans savoir où s'engager et réussir. Par ailleurs, il y en a qui se demandent bien pourquoi ils ne réussissent pas après avoir plusieurs fois tâtonné. L'apôtre Paul avait commencé sa mission apostolique en s'acharnant sur la conversion des juifs[4], un champ d'action qui n'avait pas porté beaucoup de fruits, qui lui avait en revanche produit des épines. Lorsqu'il se trouva devant l'opposition et les injures, il décida d'aller vers les non-juifs, il put rassembler à Corinthe la plus grande église de son ministère. Pourtant, il se trouve que c'est là où Dieu le destinait[5]. Il va le reconnaître plus tard, lorsque lui-même en parle dans son épitre aux Galates, en leur écrivant : « celui qui a agi en Pierre pour qu'il soit l'apôtre des Juifs a aussi agi en moi pour que je sois celui des non-Juifs[6] ».

---

[1] Actes 22 :3.
[2] Actes 9 :1-22 et 13 :1-3.
[3] 1 Corinthiens 13 : 9.
[4] Romains 9 : 1-5.
[5] Actes 18 :6.
[6] Galates 2 :8.

On rencontre souvent des gens qui s'obstinent en dehors de leur champ d'action, qui s'obstinent à faire ce que Dieu ne leur a pas donné de faire, ils s'acharnent sur un ministère qui ne correspond pas à leur vocation (habileté).

II.1. L'onction

Le substantif « onction » provient du verbe « oindre ». Étymologiquement, oindre veut dire appliquer une huile sainte sur un objet ou une partie du corps d'un homme, pour un **sacrement** ou une **bénédiction**. En effet depuis des lustres, l'huile servait à marquer des objets ou des lieux pour les consacrer, c'était certainement un usage courant. Car, dans la Bible, la première fois que cette action est mentionnée, concerne Jacob[1], qui n'était même pas prophète ni sacrificateur, il versa de l'huile sur une pierre que laquelle il avait posé sa tête pour dormir. C'était certainement une huile ordinaire.

Dans la suite du temps, Dieu donna à Moïse une formule particulière pour faire fabriquer une huile spéciale, qui devait servir à sacrer les objets ainsi que les personnes que Dieu choisissait pour Son service. Cette formule spéciale était composée d'aromates de première qualité : de la myrrhe, du cinnamone aromatique, de la cannelle, de la casse, et de l'huile d'olive. C'est cette huile qui fut appelée « l'huile d'onction ». Elle était préparée à dessein, pour être appliquée sur les objets ainsi que les hommes qui étaient/sont choisis bien avant. Il n'était pas permis d'en fabriquer pour un autre usage[2]. Celui qui enfreignait cette règle devait être puni conformément à la loi.

Les personnes qui recevaient l'onction à l'époque vétérotestamentaire furent le souverain sacrificateur Aaron[3], les rois Saül[4], David[5] et tous leurs successeurs, probablement aussi les prophètes, car Dieu avait ordonné à Élie de oindre Élisée[6], bien

---

[1] Genèse 28 : 17-18.
[2] Exode 30 :22-33.
[3] Exode 29 : 7.
[4] 1 Samuel 9 : 15-16.
[5] 1 Samuel 16 : 1.
[6] 1 Rois 19 : 16.

que la Bible ne rapporte aucune épisode d'onction prophétique. Sous la Nouvelle Alliance, Jésus-Christ est notre perpétuel Souverain sacrificateur[1], Roi des rois[2] et le Prophète par excellence, dont Moïse avait parlé[3]. En lui, nous sommes un royaume des sacrificateurs, des rois[4] et des porte-parole, sentinelles de Dieu.

L'onction était/est une matérialisation du **choix divin** pour exécuter une tâche particulière. Eldad et Médad[5] étaient choisis parmi soixante-dix anciens d'Israël sur qui Dieu devait répandre le même Esprit qui était sur Moïse, pour qu'ils portassent avec lui la charge du peuple. Bien que ces deux hommes fussent absents à la rencontre solennelle, du fait qu'ils étaient choisis, l'Esprit vint également sur eux.

Ce qui importe dans l'onction, c'est donc le choix, et non l'huile qui pouvait/ou ne pas être versée. On peut être choisi de Dieu et toutefois contesté des hommes, cela n'est pas un problème, les hommes finiront par le reconnaître. Cependant, il est inutile d'être approuvé des hommes sans l'approbation de Dieu. Aujourd'hui, on voit des gens qui courent dans tous les sens, derrière des prophètes ou autres ministres, à la quête d'une « onction » par imposition des mains, avec le désir de les ressembler. Et ceux-ci cèdent souvent sans atermoiement à ces sollicitations, et leurs imposent les mains, parfois selon leurs convenances, et tous s'étonnent de constater qu'il n'y a aucun impact. Ce sont ces envies amères et ces intentions captives du mal qui poussèrent Simon le magicien à de telles dérives, car elles n'avaient pas quitté son cœur, bien qu'il fût converti et même baptisé[6].

Des gens croient vraiment que le baptême, l'imposition des mains ou l'onction peut changer l'intérieur ou le comportement

---

[1] Hébreux 9 : 25.
[2] Apocalypse 1 : 5.
[3] Deutéronome 18 : 15, Jean 6 :14, 7 :40 et les suivants, Actes 3 :22, 7 :37.
[4] Apocalypse 1 : 6.
[5] Nombre 11 : 16-27.
[6] Actes 8 : 13-23.

d'un homme. Hélas, ils s'étonnent en fin des comptes que ces attentes ne sont pas comblées.

1. Objectif

L'onction était/est manifeste à travers les charismes. Elle était/est un revêtement ou une armure de celui qui est choisi. Tous ceux qui ont été oints, l'ont été pour un objectif particulier et précis. Même l'onction de Jésus[1] avait un objectif précis et clair. Il est salutaire de bien cerner et poursuivre cet objectif, afin de ne pas en perdre l'effectivité et les bénéfices.

En effet, on peut perdre l'onction tout en conservant les talents. Et dans la Nouvelle Alliance, on peut perdre l'onction tout en conservant les dons et même les titres, car Dieu ne Se repent pas de Ses dons et de Son appel[2]. Cependant, un seul péché entretenu entraine la perte de l'onction, et peut entrainer avec le temps l'extinction de ces talents et dons, ce qui va pousser les hommes à retirer les titres, et l'homme risque finalement de perdre même sa vie.

Les manifestations de l'onction étaient caractérisées par la puissance extraordinaire de Dieu et des prodigieuses, toutefois leur finalité était/est que les hommes reconnaissent le seul et vrai Dieu, reconnaissent leur état de pécheur, qu'ils soient sauvés, édifiés, qu'ils louent Dieu, L'adorent, et Le glorifient. Ce sont là les objectifs finaux de l'onction sur un homme. Ce n'est pas pour faire de l'oint une vedette. L'ignorance a conduit plusieurs oints à gaspiller l'onction pour leurs propres intérêts. À l'instar de Samson qui, avec l'intelligence et la sagesse divine qu'il avait, s'est mis à confectionner des énigmes pour estomaquer ses beaux-frères. Il y en a d'autres qui en ont abusé, s'attribuant des privilèges outre mesure, comme Saül qui est allé jusqu'à fouler aux pieds les instructions divines, s'arrogeant du droit de laisser en vie un homme et des bêtes que Dieu avait voué à l'interdit, puis il est allé jusqu'à s'ingérer dans les fonctions sacerdotales du prophète.

---

[1] Luc 4 : 18-19.
[2] Romains 11 : 29.

C'est comme Moïse qui frappa deux fois un rocher au lieu de lui parler selon l'instruction divine, pour qu'il donnât ses eaux.

Ces gens ont perdu leur onction (élection), certains ont été remplacés, d'autres sont morts comme Samson qui a dévoilé le secret de sa force divine à sa femme, une philistine qu'il aimait tant, au point où ses yeux furent voilés devant ses flagorneries pernicieuses. Avant sa mort, il a reconnu ses fautes, s'est repenti pour compter encore sur Dieu. C'est ainsi que pour une dernière fois, il avait accompli sa mission. Sa force lui fut restaurée, il rectifiât son tire, et fit périr par sa mort, plus de monde que de son vivant[1].

Lorsqu'on est oint, ou choisi par Dieu, Il donne toujours des capacités particulières pour chaque service que l'on doit effectuer au sein de l'Église, et en général pour toute la vie au quotidien.

Pour un serviteur de Dieu, il n'y a aucun travail qui ne nécessite pas l'onction. Pour toute chose, on a toujours et chaque jour besoin des capacités acquises par l'onction divine quotidienne. Que ce soit pour prophétiser, enseigner, prêcher, officier un culte, chanter, faire le protocole, nettoyer et apprêter la salle des cultes ... et même dans les domaines de la vie courante : les études, le travail, le mariage, l'éducation des enfants, etc. C'est pour cela que chaque matin, dès qu'on ouvre les yeux et qu'on pose à terre le premier pied, lorsqu'on rend grâce à Dieu, on a besoin de Lui demander une autre mesure de grâce, une onction fraîche, de nouvelles capacités pour accomplir en cette nouvelle journée Sa volonté et Sa mission.

2. Effectivité

L'effectivité de l'onction est sa manifestation, son impact dans/à travers la vie et le ministère de celui qui l'a reçue. C'est Dieu et non l'oint, qui choisit quelle manifestation, quel impact, quel jour, à quel moment, en quel lieu, et au bénéfice de qui. C'est

[1] Juges 16 : 30.

aussi la période à partir de laquelle et durant laquelle l'onction se manifeste.

Certes, il y a un temps qui peut s'écouler entre le moment où l'on reçoit l'onction et le moment où elle commence à se manifester. Ce temps dépend d'abord de Dieu qui agit souverainement dans la personne qu'Il a choisie, en suite de cette personne qui se plier aux exigences de l'activation et de conservation de cette onction. Prenons le cas du roi Saül. Il venait de recevoir l'onction royale du flacon de Samuel. Cependant, cette onction n'a été activée que lors de sa rencontre avec la confrérie des prophètes. Hélas, lui-même n'a pas conservé cette onction, à cause de sa désobéissance.

Notons que l'huile qui était déversée sur la tête des personnes que Dieu a choisies et appelées, matérialisait le choix de Dieu. Ce choix impactait/impacte ces personnes et produisait/produit des effets, même sans utilisation d'huile, ou imposition des mains ni approbation des hommes. Ceux-ci peuvent nier, refuser et même combattre l'oint. Toutefois, ils finiront toujours par le reconnaître, comme David fut reconnu par les anciens d'Israël, lorsqu'ils allèrent l'introniser après la mort de Saül[1].

Le choix de Dieu avait/a toujours des répercutions sur la vie et le ministère des personnes choisies. C'est pour cela qu'Eldad et Médad[2] avait prophétisé, biens qu'ils étaient absents à la manifestation où ils étaient convoqués. La Bible ne donne nulle part les raisons de leur absence. Cependant, l'Esprit était descendu sur eux, simplement parce qu'ils étaient choisis. Le fait d'être choisi était/est comme un sceau distinctif, une marque visible. Si l'Ange de l'Éternel campe autour de ceux qui Le craignent, et les arrache au danger[3], c'est parce qu'ils sont distinctifs. Le Malin et ses agents ne peuvent leur faire aucun mal. Ils ont l'approbation divine pour agir, déclarer et opérer avec détermination et une autorité divine.

---

[1] 2 Samuel 5 : 1-3.
[2] Nombres 11 : 27-29.
[3] Psaume 34 : 7.

L'oint n'avait/a même pas besoin de crier pour chasser un démon. L'odeur de l'onction faisait/fait sentir son autorité. C'est pourquoi lorsque Jésus descendit de la barque dans le territoire de Gérasa[1], les treize mille démons qui étaient dans le possédé n'étaient plus à l'aise. Une personne qui a reçu l'onction de Dieu ne peut pas aménager dans un quartier ou dans un service où il y a une forte concentration des agents des ténèbres sans qu'il y ait agitations. Les imitateurs comme les enfants de Scéva sont punis de servitude pénale[2].

Rebecca BROWN[3] avait vécu une expérience qu'elle décrit dans son livre. Elle dit qu'elle n'avait même pas de hautes fonctions dans leur église locale. Pourtant, dès qu'elle avait commencé son travail à l'Hôpital Mémorial, sa présence avait causé d'énormes dégâts parmi les agents des ténèbres. Elle remarquait beaucoup de gênes et d'agitations au point qu'ils prirent des mesures inhabituelles.

Le fait d'être choisi donnait/donne aussi à la personne choisie par Dieu de manifester des capacités exceptionnelles, et impliquait/implique aussi des manifestations, des signes et des prodiges, dans l'exercice de la mission divine. On ne pouvait/peut rivaliser avec une personne qui a reçu l'onction, parce que Dieu l'a choisie pour une tâche particulière. On ne pouvait/peut pas comparer deux personnes qui ont reçu l'onction, il y avait/a toujours une différence, en dépit du fait que ces personnes avaient/ont le même Esprit, pouvaient/peuvent exercer un même ministère, avaient/ont une même formation, etc. L'onction a révélé les particularités des ministères prophétiques de Samuel, de Nathan et de Gad, certains supposent même que c'est bien pourquoi ils étaient désignés par des noms différents[4]. Une étude approfondie est faite sur ces noms dans le prochain volume de cet ouvrage.

---

[1] Marc 5 : 6 ; 9 : 25-26.

[2] Actes 19 : 13-16.

[3] Rebecca Brown, **Il est venu libérer les captifs**, Éditions Roi des rois, 2006-2008, chap. 1.

[4] Voir prochain volume de cet ouvrage.

Jésus disait déjà que celui qui accueille un prophète parce qu'il est un prophète recevra la même récompense que le prophète lui-même[1]. Un oint de Dieu peut vous imposer les mains jusqu'à ce que vous en ayez la tête chauve, en deveniez chétif. Toutefois, aussi longtemps que vous ne croirez pas en Dieu et ne considérerez pas celui qui vous impose la main en sa qualité, vous ne recevrez rien.

L'Esprit de Dieu peut être disposé à Se manifester dans un lieu à travers un charisme, ceux qui croient peuvent en bénéficier. Plusieurs n'en bénéficient pas, non pas parce qu'ils n'auraient pas la foi, en revanche parce qu'ils ne considèrent pas le véritable serviteur de Dieu en sa qualité, ils ne croient pas fortement et fermement que Dieu peut agir à travers lui. Une manifestation a souvent lieu en présence des personnes réceptives.

Prenons comme illustration le cas de Jésus chez Jaïrus, où Il s'était rendu parce que sa fille était décédée. Il avait dû chasser tous ceux qui n'étaient pas réceptifs, qui se moquaient de Lui alors qu'Il affirmait que la fille n'était pas morte, qu'elle était plutôt endormie. Il ne garda avec Lui que Pierre, Jacques, Jean ainsi que les parents de l'enfant[2]. Même lors de Sa transfiguration, Jésus n'avait près de Lui que ces trois disciples, qui Lui paraissaient très proches.

3. Caractéristiques

A. Un baume de plusieurs ingrédients

Les ingrédients qui entraient requis dans la composition de l'huile d'onction formaient une collection de plantes bien déterminées. On peut comparer tous ces ingrédients aux choses qui s'imposent pour qu'un homme choisi par Dieu puisse travailler efficacement sous l'onction divine et la conserver. De même que ce n'était pas facile de réunir tous ces ingrédients et de respecter les conditions de préparation, **l'onction a un prix**. Travailler sous

---

[1] Matthieu 10 : 41.
[2] Luc 8 : 51.

l'onction divine n'est pas un fruit du hasard. C'est plutôt le produit de plusieurs facteurs.

B. Un baume odoriférant

À l'exception de l'huile d'olive et de la casse, tous les autres ingrédients étaient des composantes tellement odoriférantes que leur parfum impactait naturellement l'huile tout entière. Lorsqu'on appliquait cette huile sur une chose ou sur une personne, celles-ci dégageaient aussi la même forte odeur. Dieu dira que « tout ce qui aura touché l'oint sera aussi sanctifié[1] » En effet, tout homme et tout objet qui entrait en contact avec la personne ou la chose qui a été ointe sentait aussi la même odeur.

4. Usage

A. Dans l'Ancienne Alliance

Outre le tabernacle et tous les objets qu'il contenait[2], il y avait trois catégories de personnes qui recevaient l'onction. Il y avait tout d'abord les **sacrificateurs**, dont Aaron fut le premier[3]. C'était pour lui et ses fils que l'huile d'onction fut fabriquée pour la toute première fois. Il y avait ensuite les **rois**, dont Saül fut le premier[4], suivi de David[5], Salomon[6] ainsi que tous les rois qui ont suivi. Enfin, il y avait les **prophètes**, dont la Bible ne mentionne que le cas d'Élisée, qui devait recevoir l'onction de la part du prophète Élie, sur instruction divine explicite, en vue de la succession au poste[7]. En dehors de ce cas, on ne voit nulle part où la Bible mentionne une onction prophétique. Toutefois, on ne voit nulle part où la Bible rapporte l'épisode où une onction prophétique est administrée.

Des années plutôt, le prophète Moïse avait oint son grand frère Aaron comme sacrificateur. Plus tard, c'est Samuel, en sa

---

[1] Exode 30 : 29.
[2] Lévitique 8 :10.
[3] Lévitique 8 :12.
[4] 1 Samuel 10 :1.
[5] 1 Samuel 16 :13.
[6] 1 Rois 1 :39.
[7] 1 Rois 19 :16.

double qualité de prophète et sacrificateur, successeur d'Éli et de ses fils, qui avait oint les rois Saül et David. C'est aussi certainement en cette même double qualité qu'Élie aurait oint Élisée. En effet, Élie était sacrificateur. Outre son ministère prophétique indéniable, il offrit un sacrifice qui fut agréé devant l'Éternel[1]. Par ailleurs, c'est le prêtre Tsadoq qui avait oint le roi Salomon. Et depuis lors, ce sont les sacrificateurs ou prêtres qui ont conféré l'onction royale, jusqu'à ce qu'on n'ait plus parlé d'onction. La prêtrise elle-même, était à perpétuité une affaire des familles des descendants d'Aaron.

Quant à l'onction prophétique, elle n'était administrée que sur instruction divine explicite, Dieu Lui-même désignait les prophètes. C'est dans ce sens que l'on doit appréhender un appel au ministère prophétique. C'est pour cela qu'il n'y avait même pas besoin d'une application d'huile ou une imposition de mains. La seule désignation divine suffisait. C'est le cas de tous les prophètes en général : Moïse, Samuel, Gad, Nathan, Élie, Élisée, etc. C'est certainement pour cela que Dieu n'a pas trouvé utile de faire mentionner un épisode d'onction prophétique.

Dans l'Ancienne Alliance, le Saint-Esprit descendait sur les personnes choisies, pour une mission précise, puis se retirait soit après la mission, soit en cas de péché[2]. Cela qui explique la prière du roi David, dans laquelle il demande à Dieu de ne pas lui retirer Son Esprit Saint[3]. Car le moindre péché entrainait/entraine la désapprobation divine.

B. Dans la Nouvelle Alliance

On peut constater aisément que dans la Nouvelle Alliance, le Saint-Esprit descend et demeure en permanence, comme un sceau sur tout chrétien, dès sa conversion[4], et Il ne se retire plus. Ensuite, il les désigne chacun pour une tâche particulière. En cas

---

[1] 1 Rois 18 :30-38.
[2] Juges 16 : 19, 1 Samuel 16 : 1 et 14.
[3] Psaumes 51 : 11 (13 dans la version semeurs).
[4] Éphésiens 1 : 13-14.

de péché, c'est la communion avec Dieu qui est interrompue. Toutefois, la relation demeure.

Si à l'époque de l'Ancienne Alliance, on avait utilisé de l'huile pour marquer des hommes et des objets que Dieu choisissait, et qui Lui devaient être consacrés, il n'en a pas été ainsi dans la Nouvelle Alliance, inaugurée à la croix de Golgotha[1]. Tout ce qui se faisait dans l'Ancienne Alliance était l'ombre des choses à venir, l'huile n'était qu'un symbole.

À la pentecôte le Saint-Esprit était descendu sur des hommes, pour demeurer continuellement. Plus n'était besoin d'utiliser de l'huile. On trouve en revanche qu'on imposait simplement les mains aux consacrés[2]. Toutefois, on a continué à utiliser de l'huile à d'autres fins : oindre des malades[3]. Certainement, l'huile utilisée pour l'onction des malades n'était pas de la même composition que celle utilisée dans l'Ancienne Alliance pour la consécration des personnes et des objets.

On peut suggérer cinq conjectures, toutefois soutenables, qui auraient conduit à l'abolition définitive de l'usage de l'huile, pour la consécration :

- L'huile faisait partie des symboles vétérotestamentaires, aujourd'hui insolites et dispensables ;
- Éviter que le peuple, dans ses dérives, mît sa foi dans la matière plutôt qu'en Dieu qui choisit et agit. L'apôtre Jacques[4], qui dit expressément d'ailleurs, que c'est la prière faite avec foi qui sauvera le malade, et non l'huile qu'on lui appliquerait ;
- Au fil du temps, avec la rareté des personnes à oindre, il est normal que cet usage se fût effrité, du fait qu'il était déjà interdit d'en fabriquer pour un autre usage ;

---

[1] Matthieu 26 : 28, Luc 22 : 20, 1 Corinthiens 11 : 25, Hébreux 9 : 18 ; Hébreux 12 : 24.
[2] Actes 6 :6, 1 Timothée 4 :14.
[3] Jacques 5 :14-15.
[4] Jacques 5 : 14-15.

- Au fil du temps, il se peut qu'on ne savait plus réunir scrupuleusement tous les éléments chimiques prévues dans la formule ni les conditions de préparation, car ce n'est pas n'importe qui, qui pouvait s'appliquer à préparer cette huile, c'était l'apanage de personnes privilégiées ;
- La matière elle-même, devait mouiller l'habit de celui qui était consacré, cela pouvait être gênant.

Pour chacune de ces conjonctures, il est bien normal qu'on ait carrément opté de se limiter à l'imposition des mains. Exiger de l'huile pour les consécrations est même une aberration à censurer.

Toutefois, pour des prières spécifiques et particulières, on peut utiliser de l'huile pour marquer et sceller spirituellement les limites physiques de son territoire, sa maison ou son patrimoine, afin de les consacrer **une fois pour toutes** à Dieu, et d'empêcher les agents des ténèbres d'y accéder. Les paroles seules seraient vagues dans ces genres de prières. Les prières faites avec précision de cette manière sont plutôt et souvent efficaces. Notons directement après cette suggestion, que l'huile n'est pas indispensable, on peut utiliser même de l'eau ou n'importe quel autre liquide.

5. Conservation

Pour conserver fraîche l'onction, elle doit être entretenue. Il est vrai que l'Esprit de Dieu ne Se retire plus du chrétien, depuis le jour où Il est descendu sur les premiers disciples, qui étaient rassemblés dans une chambre haute, lors d'une fête de la moisson, laquelle a lieu chaque cinquantième jour après la pâque juive, d'où le nom « Pentecôte », appelée aussi « fête des semaines », pour les sept semaines. À cette fête, tout juif mâle avait/a l'obligation de se rendre à Jérusalem pour présenter à Dieu ses actions de grâces pour la récolte abondante. Cette fois-là, la venue du Saint-Esprit pour demeurer en permanence sur le chrétien, était une réalisation de la promesse de Jésus[1].

---

[1] Jean 14 : 16.

Cependant, bien que le Saint-Esprit ne se retire plus du chrétien, celui-ci doit quotidiennement confesser ses péchés et s'en repentir pour continuer à être approuvé de Dieu. Sinon le Saint-Esprit, attristé, ne se manifeste plus. Il y a parfois certains hommes de Dieu qui ne se repentent pas, bornés par le fait qu'ils manifestent encore les charismes, en dépit de leurs péchés. Certes, Dieu ne Se repent de Ses dons. Néanmoins, Il ne peut jamais approuver ni tolérer le péché. Saül fut rejeté à cause de sa désobéissance. Bien qu'il ait demeuré sur le trône pendant plusieurs années, Dieu ne l'approuvait plus. Devant les hommes, il était toujours roi jusqu'à sa mort. Toutefois, devant Dieu c'était David qui était le roi.

Lorsqu'on n'est plus approuvé par Dieu, et qu'on reste en fonction, on devient une gêne et un frein pour le peuple qu'on dirige. Les bévues et le comportement hystérique du roi Saül sont des preuves éloquentes, qui montrent à suffisance qu'en mettant/gardant en fonction dans l'Église une personne qui n'est pas/plus approuvée par Dieu, on contribue à la dévastation, la déchéance et la destruction de l'Église. Cette personne deviendra un instrument entre les mains du Malin, un persécuteur.

Néanmoins, s'il y a encore dans l'Église des hommes de Dieu comme le jeune David, qui conservent leurs onctions avec des attitudes positives, ils pleureront et prieront pour leurs devanciers déchus[1], ou qui sont tombés sur des champs de batailles, sans les critiquer, ni divulguer leurs points faibles. Cela permettra de les récupérer et de conserver l'Église.

II.2. Formation

Aucun talent, don, pas même l'onction (choix de Dieu), ne peut apporter la connaissance ni la formation. C'est vrai que le Saint-Esprit nous enseigne déjà[2]. Cependant, Il ne lira pas les écritures à notre place, Il ne fera pas des études approfondies à notre place, Il ne nous enseignera les cours qui se donnent à

---

[1] 1 Samuel 24 : 6, 2 Samuel 1 : 15-27.
[2] Jean 14 : 26.

l'école : l'hébreu, le grec, l'histoire, l'exégèse, la syntaxe, l'herméneutique, l'homilétique, etc.

Le service divin est comme une cabine électrique ou un cockpit, où l'accès est strictement interdit aux personnes non autorisées, c'est-à-dire aux personnes non avisées, qui ne sont ni du domaine ni du service, bien qu'elles puissent faire partie du personnel de la même entreprise. Ces personnes risquent de tout faire exploser si elles tiennent y pénétrer et y manipuler des boutons. C'est une question d'attributions et de responsabilités, et aussi pour éviter des dégâts. Souvenons-nous des cas tragiques d'Ouzza, de Nadab et d'Abihou.

« Pour cette raison même, faites tous vos efforts pour ajouter à votre foi la force de caractère, à la force de caractère la connaissance, à la connaissance la maîtrise de soi, à la maîtrise de soi l'endurance dans l'épreuve, à l'endurance l'attachement à Dieu, à cet attachement l'affection fraternelle, et à l'affection fraternelle l'amour. Car si vous possédez ces qualités, et si elles grandissent sans cesse en vous, elles vous rendront actifs et vous permettront de connaître toujours mieux notre Seigneur Jésus-Christ. Car celui à qui elles font défaut est comme un aveugle, il ne voit pas clair. Il a oublié qu'il a été purifié de ses péchés d'autrefois[1] » Le manque de connaissance n'est bon pour personne. Celui qui précipite ses pas tombe dans le péché[2].

Il n'y a rien qui arrive au hasard. Dieu a toujours un objectif lorsqu'il fait passer un homme par certaines circonstances. Prenons le cas de Moïse, par exemple. Dieu l'avait choisi avant même sa naissance, pour qu'il fût le libérateur et le berger du peuple d'Israël. Toutefois, sa vie avant son appel était une préparation, une formation. Prenons aussi la royauté de Saül, le premier roi d'Israël et celle de David son successeur :

Saül avait échoué, certainement faute de formation. Il n'avait aucune formation militaire, il était tenu de se référer à la loi, dont il devait disposer en permanence d'une copie[3]. Bien qu'il

---

[1] 2 Pierre 1 : 5-9.
[2] Proverbes 19 :2.
[3] Deutéronome 17 : 18-19, 1 Rois 11 : 12.

ait remporté quelques victoires, étant sur le trône d'Israël qu'il a occupé pendant quarante ans jusqu'à sa mort, aucun membre de sa famille ne l'avait succédé, en dehors d'Ich-Bocheth[1] qui occupa ce trône pendant deux ans. Dieu aurait affermi sa royauté en lui accordant quelques-uns de ses descendants sur ce trône pendant une longue période[2]. Malheureusement dans son orgueil, il était incapable se plier aux orientations de Samuel. Il avait préféré se parer de son autorité[3] au lieu d'accepter les remontrances.

Cela montre, par ailleurs, que l'onction ne transforme pas une personne. Car, cette onction qui avait pourtant fait de lui un autre homme[4], ne lui avait jamais conféré un caractère humble, encore moins une quelconque technique ni art du combat, en dépit de ses conquêtes. À voir juste le lieu où il est allé tomber et mourir devant l'armée des philistins, son incompétence en matière militaire saute aux yeux. On le voit déployer ses troupes sur la montagne de Guilboa[5].

Moïse, lui, un ancien prince d'Égypte qui ne pouvait échapper à la formation militaire, savait où envoyer ses guerriers. Il les envoyait plutôt dans la vallée, pendant que lui-même se tenait, comme un archer, au sommet de la montagne, afin d'intercéder. On voit aussi Josué[6], son successeur faire de même. Cependant, Saül enverra ses guerriers sur une montagne, un endroit très élevé où il devait plutôt envoyer des archers ! Généralement les archers se tiennent soit sur la montagne soit sur la brèche d'une muraille, afin de bien pouvoir lancer très haut leurs flèches. Faute d'avoir sélectionné un bon terrain pour le combat, Saül mourut sur la montagne, avec ses trois fils, dont Jonathan[7], qui était pourtant un archer remarquable, qui a été lamentablement pleuré par David, pour son arc qui ne reculait jamais sans avoir fait couler le sang[8]. Comment l'aurait-il utilisé

---

[1] 2 Samuel 2 : 10.
[2] 1 Samuel 13 : 13.
[3] 1 Samuel 13 : 12, 1 Samuel 15 : 30.
[4] 1 Samuel 10 : 6.
[5] 1 Samuel 28 : 4.
[6] Exode 17 : 10.
[7] 1 Samuel 31 : 1 et 8.
[8] 2 Samuel 1 : 22.

étant placé sur le même niveau avec l'ennemi, sur cette montagne de Guilboa !

Ouvrons brièvement une parenthèse, pour reprocher plusieurs chrétiens et même des serviteurs de Dieu qui négligent la prière. L'arc est souvent, dans les écritures, un emblème de la force[1]. Avec une épée on attaque l'ennemi corps à corps. Tandis qu'avec un arc et des flèches, on combat l'ennemi à distance, on s'oppose même à son approche. L'archer voit l'ennemi de loin, observe tous ses mouvements et ses desseins, et le couche à terre avant même qu'il soit proche.

L'arc est une arme très intelligente. L'apôtre Paul cite pourtant la prière parmi les armes spirituelles[2]. La prière peut être comparée à une flèche. Nous prions tous, certes. Cependant, certains d'entre nous n'atteignent pas leurs cibles parce qu'ils sont mal positionnés pour leurs prières : ils sont couchés dans le péché, la négligence ou la paresse. Ainsi, ils ne sont pas à la hauteur de pouvoir lancer leurs prières comme il se doit. D'autres n'ont même pas assez de forces dans leurs bras pour lancer très haut leurs prières-flèches.

Les intercesseurs sont des archers, et Jésus est le plus grand d'entre eux. Il est à la bonne place[3], et il n'y a pas plus fort que Lui. Lorsque nous prions, ce sont des flèches que nous lançons. Nous nous joignons à Jésus dans Ses prières qu'Il fait depuis cette place tellement élevée.

Retournons voir le secret de la réussite du deuxième roi, David. Comme Moïse, David avait bien la vocation de berger, étant derrière le troupeau de son père. Cependant, pour la royauté, David n'était pas formé. Étant un simple garçon des champs, il n'avait aucune idée de ce qu'est la vie et le comportement d'un roi, bien qu'il avait bel et bien été oint pour devenir roi. Appelé à réussir comme vous cher lecteur, Dieu ne le fit point entrer en fonction si tôt oint. Il avait beaucoup de choses à apprendre avant de monter sur le trône. Dieu le fit passer par plusieurs étapes,

---

[1] 1 Samuel 2 : 4.
[2] Éphésiens 6 : 18.
[3] Romains 8 : 34.

plusieurs circonstances, même des situations humiliantes, pour forger son cœur de roi/berger.

Beaucoup de chrétiens veulent rapidement monter sur le trône, se lancer directement dans l'exercice du ministère, être visibles, sans passer ne fût-ce que par le « graduat » où Jésus fit passer Ses disciples. Ils méprisent et considèrent comme des « Saül » et des « Éli » dont l'onction avait vieilli, leurs ainés et mentors que Dieu a mis à leurs côtés.

La formation est nécessaire pour tous, surtout pour les ministres de la prophétie, un domaine très délicat, devenu un fléau au lieu d'être un pilier et un régulateur des comportements dans l'Église. Cela est dû au fait que l'Église a négligé de s'en occuper de plus près. En conséquence, ceux qui devaient être des piliers, des régulateurs, s'adonnent activement à perpétrer beaucoup d'aberrations qu'on ne sait plus contrôler. Les vrais charismes ont tari et sont devenus stériles. Pourtant dans la Bible, les prophètes et les apôtres ont beaucoup veillé sur l'encadrement des disciples et des novices dans le ministère.

Chez les juifs, tout enfant, dès l'âge de cinq ans, passait à l'école rabbinique pour maîtriser l'Ancien Testament[1]. C'est pourquoi il y avait dans le temps des maîtres d'écoles. On les appelait « Rabi » ou « Rabbouni ». Ces écoles offraient des avantages d'une instruction et d'un mentoring sains et authentiques, en vue d'une efficience et une longévité dans le ministère. Ce n'est pas un hasard que Dieu ait utilisé l'apôtre Paul plus que tous les autres[2]. Dieu insista même auprès d'Ananias pour allât imposer la main à Paul[3]. Car celui-ci avait un grand bagage de connaissance, acquis aux pieds de Gamaliel[4], il était pour Dieu un instrument particulièrement utile, puissant et efficace[5].

---

[1] 2 Timothée 3 : 15, note, Bible des Semeurs.
[2] 1 Corinthiens 15 : 10.
[3] Actes 9 : 10-16.
[4] Actes 22 : 3.
[5] 1 Corinthiens 15 : 10.

Si l'enseignement et la formation continuelle ont caractérisé tous ceux qui ont réussi dans plusieurs autres domaines de la vie, tels que les affaires, les finances, la gestion, le mariage, ... Combien à plus forte raison cela devrait accompagner le serviteur de Dieu durant son ministère. Dans le mot « formation » on trouve le terme « forme ». Former c'est donner une forme à quelque chose qui n'en a pas. Former un homme c'est l'équiper pour un travail, un ministère. Il peut arriver d'être déboussolé, perdu au milieu de nulle part, et ne plus savoir quoi faire.

La formation peut aussi se passer lors des rencontres des serviteurs de Dieu, où il y a partage des connaissances et expériences, renforcement mutuel des capacités pour s'aiguiser mutuellement, comme le fer aiguise le fer[1].

Le Révérend Jean Pierre KABEYA MWANA BUTE[2] résume en sept points, ce qu'on peut appeler « un Règlement d'Ordre Intérieur » dans le service de Dieu qui, à notre humble avis, est applicable à tout celui qui se range dans l'école de Dieu. Ce sont des règles très importantes, à appliquer aux serviteurs de Dieu, tant ceux qui sont en formation, que ceux qui sont déjà dans l'exercice.

- **Pas de représentation** : personne ne peut déléguer quelqu'un d'autre pour étudier à sa place ;
- **Pas de choix de cours** : l'abondance est une leçon, autant que la souffrance[3]. Il faut savoir vivre avec les honneurs et l'humiliation, l'acceptation, l'opposition et le rejet, dans la fertilité tout comme dans le désert, ... Le serviteur de Dieu doit passer par tout cela afin d'en tirer des leçons ;
- **Pas de cycle court** : Dieu lui-même n'avait pas conduit son peuple par le chemin le plus court[4] ;

---

[1] Proverbes 27 : 17, version Louis Second Révisé.

[2] Jean Pierre KABEYA MWANA BUTE, **Le service divin**, guide pratique à l'usage des hommes de Dieu, Edition Onésime 2018, p. 57-72.

[3] Job 2 : 10, Philippiens 4 : 11-12.

[4] Exode 13 :17-18, Deutéronome 1 : 2.

- **Pas de comparaison** : on n'a pas tous la même durée de formation, ni le même nombre de cours, ni les mêmes intitulés ni les mêmes volumes ; on n'est pas tous simultanément dans la même classe ;
- **Pas d'enjambement** : on ne peut pas sauter de classe, ni écourter la durée d'une leçon, même si on s'y trouve en difficultés ;
- **Pas d'indiscipline**[1] ;
- **Pas d'auto-proclamation** : on ne se donne pas de titre, même si on sort d'une formation. On n'exerce pas un ministère de son choix ou par complaisance.

Écoles du ministère prophétique

Il existait en Israël, des **écoles des prophètes**, qui seraient initiées le prophète Samuel, lorsqu'une troupe de jeunes prophètes non instruits, s'était ralliée sous sa direction. Le fait que Samuel précise leur programme dans sa conversation avec le jeune Saül[2], laisse penser qu'il la connaissait parfaitement. Plus tard, on le voit se retirer avec ces prophètes à Rama[3]. On ne saurait dire avec exactitude s'il s'agissait de la même troupe. Toutefois, il est indéniable que Samuel était leur maître. Avec le temps, il en fit des élèves dans une école qui s'est développée, répandue, et pérennisée jusqu'à l'époque des prophètes Élie et Élisée. La Bible atteste qu'à cette époque, il y avait une école à Guilgal, une autre à Béthel et une autre à Jéricho[4]. Les élèves de ces écoles étaient appelés « disciples des prophètes » ou « fils des prophètes ». Le texte hébreu porte בְּנֵי הַנְּבִיאִים [bené hannebʰîîm], qui veut dire littéralement « fils des prophètes[5] ». Le terme בֵּן [bén] est employé pour désigner un fils, parfois un petit-fils[6]. Il désigne aussi celui qui est soumis et obéissant, tel un fils bien éduqué. Ce terme fait aussi référence à la fois à un

---

[1] 1 Corinthiens 9 : 24-27.
[2] 1 Samuel 10 :5-7, 10-13.
[3] 1 Samuel 19 :19-24.
[4] 2 Rois 2 :1-3 et 5, 2 Rois 4 :1.
[5] 1 Rois 20 :35.
[6] **Dictionnaire hébreu-français**, M. N. Ph. Sanders et M. I. Treinel, Au Bureau des archives israélites, Paris, 1859, Page 70-71.

serviteur, à un disciple et à tout celui qu'on aime comme un fils. Un fils se distingue d'un enfant par sa majorité, qui fait de lui un héritier[1].

Ces écoles avaient pour but de préparer des prophètes à un ministère authentique, efficace et fructueux, sans aberrations ni déviations. En effet, ces disciples étaient des prophètes, pourtant, ils étaient à l'école, pour apprendre et être instruits. On y enseignait la lecture et la maîtrise des textes sacrés, rédigés dans leur **langue** maternelle, et certainement aussi une manière de **vivre**, de **parler** et d'**agir** en tant que prophète, de **transmettre** des messages de manière adéquate et objective. On y admettait certainement les personnes qui avaient manifesté un charisme prophétique, et aussi les personnes qui avaient un appel au ministère prophétique certifié authentique, à l'instar d'Élisée, dont on ne rapporte aucune précédente manifestation de charisme prophétique.

On remarquera, d'ailleurs, que les quelques fois où ces disciples sont mentionnés, ils avaient une connaissance et une compréhension des écritures et des révélations, moins élargie que celle de leurs maîtres. On voit quelque part un disciple donner une révélation sur l'imminent enlèvement d'Élie[2], on voit un autre en train de proclamer des oracles[3]. Cependant, il y avait toujours une différence entre la prestation des disciples et celle du maître. Plus loin, on voit que les disciples se faisaient même appeler par un nom différent de celui par lequel ils désignaient leur maître. C'était certainement pour marquer leur humilité et se distinguer des maîtres. Ils étaient loyalement soumis et demeuraient assidus. Certains d'entre eux auraient même aidé à rédiger les enseignements de leurs maîtres, ou à compiler leurs écrits. Par humilité, ils n'ont pas mentionné leurs noms. On voit quelque part un disciple qui est désigné par le terme « jeune prophète[4] ».

Les disciples pouvaient être plus âgés que leur maître. Nonobstant, ils espéraient tous, comme Élisée, de pouvoir hériter

---

[1] Galates 4 : 1 et 7.
[2] 2 Rois 2 :3 et 5.
[3] 1 Rois 20 :35-42.
[4] 2 Rois 9 :4.

du même Esprit qui se trouvait sur le maître[1]. Bien qu'ils prophétisassent aussi, ils ne rivalisaient pas avec le maître, pas même avec Élisée qui fut d'abord leur condisciple avant d'être appelé à succéder le maître Élie. En effet, Élisée avait trouvé plusieurs disciples à l'école. Cependant, Dieu avait décidé qu'Élisée soit le successeur du prophète et professeur Élie, et aucun disciple ne s'est rebellé, aucun n'avait contesté ni riposté. Ce n'est pas l'ancienneté dans le discipolat ou dans l'Église qui confère le talent, le don ou l'onction (choix de Dieu) pour un ministère ou de hautes fonctions dans l'Église. Toutefois, en dépit des talents, du don et même de l'onction, il n'y a aucun mérite. Aucun homme ne mérite de servir et d'adorer Dieu.

Ce n'est pas un hasard que les apôtres revenaient sur cette même phrase, chacun à sa manière : **cela dépend de Dieu qui fait grâce** [2]. Le Seigneur Jésus devait l'avoir répétée plusieurs fois. C'est pourquoi il n'est pas bon d'avoir dans l'Église des contestations, des tiraillements, des querelles et même des divisions et des scissions, simplement parce que Dieu a porté son choix sur un frère plus jeune en âge ou dans le discipolat, et l'élève pour diriger l'Église, en supplantant ceux qui l'on précédé. Ce n'est pas qu'il est plus méritant que les autres, c'est simplement le choix impartial et souverain de Dieu.

A. Langues des textes sacrés

Martin Luther disait « Si nous aimons l'évangile, nous devons veiller à l'étude sérieuse des langues bibliques ... et tenez-vous pour dit, que nous ne pouvons guère conserver l'évangile sans la connaissance des langues. Les langues sont le fourreau qui abrite ce glaive de l'Esprit, elles sont l'écrin qui renferme ce joyau, elles sont le vase qui contient ce breuvage »

On ne peut prétendre étudier la Bible, qui est une œuvre littéraire, et prétendre y dégager le message initial, tout en ignorant les langues, et les contextes respectifs de sa rédaction. Ces contextes constituent le fourreau dans lequel est renfermé le

---

[1] 2 Rois 2 :9.

[2] Romains 9 : 16, Jacques 4 : 6, 1 pierre 5 : 5.

glaive de l'évangile : les langues, les coutumes, les traditions, les pratiques, les valeurs, les contextes spirituels, historiques, socio-culturels, polico-économiques, éducationnels, professionnels, spatio-temporels, etc., dans lesquels Dieu nous a communiqué sa pensée. Le contexte des termes, expressions et locutions à l'époque de la rédaction, ne peut pas être le même que celui de nos jours. En effet, la langue est un moyen de communication pour un peuple, elle véhicule en elle toute une culture, une tradition, une histoire. Un peuple sans langue est un peuple sans culture, car toute la pensée d'un peuple, sa philosophie et sa psychologie est imprégnée dans sa langue. Connaître un peuple c'est comprendre son jargon et savoir l'interpréter. Plusieurs langues ont évolué au cours du temps, certaines d'entre elles ont même disparu. D'autres encore ne sont plus parlées, elles sont seulement écrites sur des documents anciens. On dit qu'elles sont mortes, c'est le cas de l'égyptien ancien et le latin. Cependant, l'histoire et la tradition sont n'évoluent ni ne changent.

L'hébreu et le grec sont les deux langues principales des textes originaux sacrés. Elles ont chacune évolué au cours des temps, certes. Cependant, leurs traditions respectives, et leurs textes bibliques demeure les mêmes. D'où l'importance de les étudier afin de comprendre leurs contextes respectifs, liés à chacune des époques de leur rédaction progressive, afin d'en dégager le message initial, tel qu'il avait été livré, tel que ses premiers destinataires le comprenaient, avant de chercher à le contextualiser pour la génération contemporaine.

Un adage stipule que « traduire c'est trahir ». Toute traduction a éventuellement quelque part des failles, dues aux incompatibilités, aux limites linguistiques et spatiotemporelles. Hans W. W. dit que « la traduction stéréotypée d'un terme hébreu par son équivalent conduit presque nécessairement à une erreur d'interprétation, elle passe trop souvent à côté de ce que le texte dit exactement[1] ».

---

[1] Hans Walter Wolff, **Anthropologie de l'Ancien Testament**, Editions Labor et Fides, Genève, 1974, p. 14.

En effet, il y a des cas où l'hébreu utilise un seul et même terme pour exprimer différentes idées, là où on trouve dans d'autres langues plusieurs termes variés. Paradoxalement, nous avons aussi rencontré des cas où l'hébreu utilise plusieurs termes différents, là où en d'autres langues nous n'avons qu'un seul terme équivalent. Dans le domaine prophétique, cette étude fait partie du prochain volume de cet ouvrage. Toutefois, cette richesse d'un côté, et pauvreté de l'autre, dans les idées, la terminologie, l'expression, etc., nous place devant un choix délicat lors de la traduction, laquelle doit tenir compte de l'interprétation des contextes appropriés, et donc devant l'obligation d'étudier les langues, les méthodes d'exégèse, etc. Car, c'est le contexte de l'évènement qui fait règle.

C'est pourquoi, nous confirmons qu'aucune traduction n'est parfaite, quelle qu'elle soit. Nous ne critiquons pas ici le travail de traduction de qui que ce soit, toute traduction est produit d'un travail très remarquable. Cependant, nous donnons un avertissement aux enseignants, prédicateurs et même compositeurs des chants : si vraiment on a le souci de transmettre la Vérité dans Sa profondeur, on ne se limitera pas à une seule traduction (version) de la Bible. On ira jusqu'à confronter ne fussent que trois ou plusieurs traductions, tout en associant des commentaires, dictionnaires bibliques, et même des théologiens. Car, ce n'est qu'après une critique textuelle, une syntaxe, une exégèse, etc., qu'on peut estimer avoir une idée plus ou moins élargie du message exact, dans son contexte authentique. Il est donc essentiel d'aborder les Saintes Écritures à travers ses textes originaux, au lieu de se contenter de tout ce qui est à portée des mains, qui est parfois erroné et hérétique. À l'instar des propos hérétiques qui prétendent définir le nom « Youbal[1] » comme étant un « facilitateur de climat », alors que le dictionnaire hébreu nous renseigne que « Youbal » est premièrement un simple nom propre de personne.

En outre, en tant que nom commun, ce nom désigne plutôt un joueur de harpe[2]. Même si un joueur de harpe, dans la Bible,

---

[1] Genèse 4 : 21.
[2] **Dictionnaire hébreu-français**, Op., Cit., p. 233.

avait facilité une atmosphère prophétique[1], par probité aucune démarche inductive ne saurait aboutir à une définition aussi osée. C'est pourquoi nous encourageons les études, surtout celui qui s'attache au ministère de la parole, à demeurer aux pieds des maîtres, et non la voie de la facilité.

Les textes sacrés étaient des documents de base de la littérature hébraïque, ou juive. Autant ils sont très anciens, autant leur approche doit être aussi particulière. Car, au-delà de ce que nous lisons dans leurs traductions, ces textes nous transmettent des éléments du message, qui ne sont pas dans les traductions.

1) <u>L'hébreu</u>

C'est la langue des textes originaux de l'Ancienne Alliance, hormis les cinq passages ci-dessous, plus ou moins longs en **araméen** :

- Esdras 4 : 8, 6 : 18 et 7 : 12-26 ;
- Daniel 2 : 4 à Daniel 7 : 28 ;
- Jérémie 10 : 11 ;
- Deux mots en Genèse 31 : 47 ;
- Deux mots rarement remarqués de Job 36 : 2.

L'hébreu הָעִבְרִי [ha 'ib^{h}rî] est une langue sémitique, consonantique (dépourvue de voyelles), qui était parlée par les douze tribus d'Israël, qui forment le peuple juif. Le terme « hébreu » désigne à la fois une langue et un peuple[2]. Dans sa souveraineté, Dieu avait choisi l'hébreu. Il a voulu transmettre à l'humanité sa pensée à travers la langue, la tradition et la culture de ce peuple, ayant inspiré différents auteurs, oralement ou par écrit, à transmettre le message que Dieu leur inspirait, dans des contextes très précis et variés. Au départ, Dieu écrivit Lui-même en hébreu, de Son propre doigt[3], sur des tablettes qu'Il remit à Moïse. Il aurait pu écrire en égyptien ancien, langue que le peuple devrait naturellement connaître, vu leurs conditions à l'époque.

---

[1] 1 Rois 3 : 15.
[2] Les descendants de Héber, fils de Selah, patriarche des hébreux, Genèse 10 : 24.
[3] Exode 31 : 18.

L'une des merveilles des textes originaux hébreux, c'est qu'ils ont été écrits avec complexité par plusieurs et différents personnages, qui ont vécu à des époques différentes et même très éloignées, et dans des circonstances variées. Pourtant, tous ces textes donnent des messages cohérents et complémentaires, des prédictions qui se sont réalisées et qui continuent à se réaliser. Ce qui confirme l'autorité et le contrôle qu'a la Bible sur l'univers. Des scientifiques l'ont d'abord nié sans vergogne, puis ils ont eux-mêmes attesté que la Bible dit vrai.

Une autre merveille, récemment découverte par d'autres scientifiques qui faisaient des lectures croisées dans les textes originaux, restaurés à l'état initial, c'est-à-dire blocs de mots sans espace entre eux, aucune subdivision de chapitres ni de versets. Ces lectures croisées ont été faites notamment dans la Torah, dont la rédaction est selon la tradition attribuée à Moïse à qui Dieu doit l'avoir dictée « mot à mot ». Ils y ont découvert des informations cryptées sur des personnages et des évènements illustres, avec des précisions étonnantes : des noms, des dates, des lieux, des circonstances, etc. Ils ont appelé cela « le Code de la Bible ».

Tous les codex maintenus pour le canon de la Bible rapportent des messages cohérents et complémentaires. De plus, ils parlent de tout ce qui a été depuis le commencement, ce qui est et qui sera, visible et invisibles.

L'araméen, est une autre langue sémitique étroitement apparentée à l'hébreu et au phénicien. Elle était parlée autrefois par les chaldéens, à Babylone ; ainsi qu'en Mésopotamie et en Syrie, sous forme de nombreux dialectes. Elle subsiste encore dans les dialectes orientaux et occidentaux. Le peuple juif, en exil à Babylone, était obligé de l'apprendre l'araméen. Et ce fut devenu leur langue populaire même à l'époque de Jésus, bien que leur langue officielle fut le **grec** ou koinè, pendant plusieurs siècles.

2) Le grec.

C'est la langue des textes originaux de la Nouvelle Alliance, hormis quelques courts passages en **araméen** tels que Marc 5 :41.

Cette langue existait déjà à l'époque des rois et l'exil d'Israël. Les hébreux, ayant appris et maîtrisé le grec, pouvaient eux-mêmes traduire en grec, la pensée exacte des textes sacrés. C'est pourquoi l'on dit, que le grec était un témoin oculaire de l'hébreu. La LXX (Septante), traduction grecque de l'Ancien Testament, étant très ancienne, est même considérée à titre de « textes de référence ». À ce titre, on adjoint la vulgate, une traduction en latin des deux testaments.

B. Littérature juive

S'il y avait des écoles des prophètes, il y avait aussi toute une bibliothèque des livres de référence. Il est essentiel de dire quelques mots sur cette littérature tellement abondante, certains livres ont existé, cependant ils sont à tout jamais perdus, d'autres n'ont pas été retenus dans le canon, pour éviter des redites. Cette hypothèse est corroborée par quelques passages de la Bible[1]. Il est indéniable que la plupart des prophètes n'ont pas laissé d'écrits. Il semblerait même que les quelques rares parmi eux, dont on a des écrits, n'auraient pas attaché leurs noms à ce qu'ils auraient écrit. Ce sont probablement leurs disciples qui auraient rassemblé leurs écrits. Ces prophètes sont appelés « orateurs » parce qu'ils ont seulement parlé et enseigné pendant les périodes sombres. Dieu les désignait pour avertir le peuple, annoncer Ses promesses dans le cas où le peuple se repentait, ou pour déclarer Ses menaces lorsqu'il persistait.

Dans les livres prophétiques, il y a des passages qui seraient rédigés par des disciples des prophètes dont ils portent les noms, tout simplement parce qu'ils sont rédigés à la troisième personne, et retracent les biographies et les souvenirs de ces prophètes.

Il y a par contre, des documents ou des portions d'écrits autobiographiques, censés provenir des mains propres des prophètes, portant leurs expériences. Par exemple la תֹּרָה [Torah], dont la rédaction est unanimement attribuée Moïse[2].

---

[1] 1 Rois 14 : 19, 1 Chroniques 29 : 29, Esther 6 : 1, et tant d'autres passages.

[2] En vertu du passage de l'Exode 17 :14, et en raison du fait qu'à la sortie d'Égypte Moïse était certainement le seul intellectuel.

Cependant, il est aussi indéniable qu'une partie de la תּרה [Torah] ne peut pas avoir été écrite de la main propre de Moïse. C'est notamment le Deutéronome 34, un passage qui rapporte les derniers instants de la vie du prophète. Celui-ci ne pouvait pas avoir écrit sur sa propre mort et son propre enterrement. En revanche, on suppose que l'un de ses assistants, en l'occurrence Josué, aurait pu achever son ouvrage.

Par ailleurs, le prophète Jérémie aurait écrit sur des feuilles volantes, que ses disciples auraient collectionnées pour faire un travail d'édition, un ouvrage normalisé. Les autres prophètes n'ont vraisemblablement pas laissé d'écrits. Ce sont leurs disciples qui ont mis par écrit leurs paroles et leurs histoires pour archiver leur ministère.

Quant au canon hébraïque, le texte sacré, appelé תנך [Tanak], est formé de trois groupes de livres. Ce nom est tiré des initiales des noms de ces groupes : La consonne ת [taw] pour la תּרה [Torah], la consonne נ [noune] pour les נביאים [N^{e}b^{h}îîm], et la consonne כ [kaf] pour les כתובים [K^{e}toub^{h}îm] :

- la תּרה [Torah], ce sont les cinq premiers livres de la Bible, appelés « pentateuque », dont la rédaction est attribuée à Moïse. À l'époque, ce sont ces livres qui constituaient la loi ;
- les נְבִיאִים [N^{e}b^{h}îîm], littéralement « les prophètes », ce sont des livres ou écrits des prophètes et/ou leurs assistants ;
- les כתובים [K^{e}toub^{h}îm], littéralement « les écrits », il s'agit des autres livres, poétiques et sapientiaux, œuvres des sages, pendant des périodes d'or, après réflexion sur des grands sujets et problèmes de la vie.

Les prophètes et leurs disciples devaient maîtriser tous ces textes et même les retenir par cœur, afin d'enseigner les rois et le peuple.

Avec le temps, les sacrificateurs et les scribes ont progressivement annexé aux textes sacrés, d'autres documents explicatifs, qu'on retrouve dans la littérature du peuple juif, et qui sont des monuments des principes du gouvernement divin. Il s'agit :

- du תרגום [t^{h}ar^{e}gum], une traduction araméenne des textes sacrés. Ce terme vient de תרגם [t^{h}ar^{e}gém], qui veut dire « interpréter[1] » ;
- du תלמוד [t^{h}al^{e}mud], littéralement « enseignement » ou « étude de la loi[2] », c'est une explication des textes sacrés. Ce terme qui provient de תנה [t^{e}nâh], qui veut dire « enseigner ».

Nonobstant le silence qui a régné pendant plus de quatre siècles, où on n'a entendu aucun prophète parler de la part de Dieu, silence remarqué depuis les prophètes post exiliques dont Malachie[3] fut le dernier, jusqu'à l'envoi de l'ange à Zacharie[4], il y avait toujours une littérature de référence. Pendant ces années, Dieu ne Se manifesta point, il a semblé inexistant.

C. <u>Historique de l'évolution du texte sacré</u> [5]

La configuration des textes sacrés originaux hébreux que nous avons aujourd'hui n'est pas la même que celle à l'origine, où certains livres que nous avons séparément ne formaient qu'un seul au départ, notamment le premier et le deuxième livre de Samuel, les livres d'Esdras et de Néhémie.

Considérant le caractère consonantique de l'écriture hébraïque, et l'était initial détaillé ci-haut, des textes sacrés, il fallait bien une initiation pour pouvoir les lire. Cette initiation ne se passait qu'à l'école, aux pieds des maîtres. Heureusement pour nous qui sommes étrangers à cette langue, les massorètes ont séparé les mots, fait des signes de voyelles dans le texte, pour nous permettre de le déchiffrer. C'est à partir de là que furent

---

[1] **Dictionnaire hébreu-français**, Op., Cit., p. 794.
[2] Idem, 1859, p. 785.
[3] Zacharie 1 : 1.
[4] Luc 1 : 11.
[5] https://fr.aleteia.org/2016/03/19/qui-a-divise-la-bible-en-chapitres-et-en-versets/

élaborées les travaux de traduction des deux textes de référence : la LXX (Septante) et la vulgate.

Par la suite du temps, au XIIIème siècle, probablement autour de l'année 1226, l'ecclésiastique anglais Étienne Langton, archevêque de Canterbury et grand chancelier de l'Université de Paris, effectuant ses travaux sur le texte latin appelé la Vulgate de Saint Jérôme, divisa en chapitre l'Ancien Testament et le Nouveau Testament. De cette Vulgate, il passa au texte hébraïque, au texte grec du Nouveau Testament et à la version grecque de l'Ancien Testament. Il établit une division en chapitres, plus ou moins égaux, très semblable à celle de la plupart de nos Bibles actuelles. Vers 1226, les libraires de Paris introduisirent ces divisions en chapitres dans le texte biblique, donnant lieu à la « Bible parisienne ». Dès lors, cette division se répandit dans le monde entier.

Ensuite vint la division des chapitres de l'Ancien Testament en versets numérotés, une invention de l'italien SANTES PAGNINO (1541), un juif converti, devenu dominicain. Il est natif de Lucques. Il consacra vingt-cinq années de sa vie à sa traduction de la Bible, imprimée à Lyon, publiée en 1527, puis réimprimée plusieurs fois. C'était une version très littérale qui constitua une référence parmi les humanistes de l'époque.

Puis, vint le célèbre imprimeur et humaniste français Robert ESTIENNE, qui réalisa en 1551 l'actuelle division en versets du Nouveau Testament. En 1555, il publia l'édition latine de toute la Bible, se basant pour les versets de l'Ancien Testament hébraïque, sur la Bible traduite par SANTES PAGNINO. Pour les autres livres de l'Ancien Testament, il élabora sa propre division et utilisa pour le Nouveau Testament celle qu'il avait lui-même réalisée, quelques années auparavant. Dès lors, le découpage du texte biblique en chapitres et en versets permet de retrouver immédiatement un passage, quelle que soit la mise en page adoptée par l'éditeur. Il s'agit d'un outil fondamental pour les chercheurs, qui permet à tous d'utiliser une même référence.

La première Bible imprimée qui comporta totalement la division en chapitres et en versets sera la version dite « Bible de Genève », qui parut en 1560 en Suisse. Les éditeurs de la Bible de Genève optèrent pour les chapitres d'Étienne Langton et les versets de Robert Estienne, conscients de leur grande utilité pour la mémorisation, la localisation et la comparaison des passages bibliques.

En 1592, le pape Clément VIII fit publier une nouvelle version de la Bible en latin pour l'usage officiel de l'Église catholique, qui comportait la division actuelle en chapitres et en versets. C'est ainsi qu'à la fin du XVIème siècle, les juifs, les protestants et les catholiques avaient adopté la division en chapitres introduite par Étienne Langton et la subdivision des versets par Robert Estienne. Dès lors, ces divisions en chapitres et en versets seront de plus en plus acceptées comme forme standard pour localiser les versets de l'Écriture et seront universellement adoptées.

II.3. L'appel

Pour passer à l'exercice d'un Ministère, l'appel de Dieu est indispensable. L'appel est un ordre et une approbation. Jésus avait dit : « tel est l'ordre que J'ai reçu de Mon Père[1] », l'apôtre Paul ajoutera que celui qui est approuvé, ce n'est pas l'homme qui se recommande lui-même, c'est plutôt celui que le Seigneur recommande[2]. C'est comme un coach d'une équipe de foot qui observe attentivement les joueurs, les sélectionne et les place chacun à un poste qui convient. Le joueur n'a pas à choisir un poste de sa convenance, il ira là où le coach l'aura placé. La différence avec l'œuvre de Dieu, est qu'en plus c'est le coach divin qui incarne la vocation dans les joueurs.

Un prophète faisait simultanément office d'un sacrificateur. À titre illustratif, Samuel et Élie avaient offert des sacrifices agréés par Dieu. En effet, Dieu suscitait la plupart des prophètes parmi les sacrificateurs, dans les familles des lévites. Il choisissait parfois des jeunes gens qui attendaient ou qui venaient d'atteindre les trente ans d'âge requis pour exercer les fonctions

---

[1] Jean 10 : 18.

[2] 2 Corinthiens 10 : 18.

sacerdotales[1]. Parmi eux, on peut citer les prophètes Jérémie[2], Ézéchiel[3] et Zacharie[4]. Le sacerdoce était une affaire des familles descendant d'Aaron. Toutefois, Samuel[5] n'était même pas d'une famille lévitique, Cependant, Dieu l'a appelé au ministère prophétique. Amos était un berger, toutefois, Dieu l'a appelé au ministère[6].

L'**appel** au ministère[7], est une invitation de Dieu adressée à un homme ou une femme pour Le servir dans un domaine bien précis du ministère. Cet appel intervient à un moment précis de la vie d'un homme, un moment opportun. Dieu appelle soit par un contact direct avec l'intéressé, comme Il a appelé Moïse[8], Josué[9], Samuel[10], soit indirectement par l'intermédiaire d'autres hommes, notamment les responsables ecclésiastiques, comme l'appel du pasteur Timothée[11]. En effet, c'est Dieu qui appelle ceux qu'Il a prédestinés (préparé à être tel) pour qu'ils Le servent, car Il les a connus d'avance[12].

Un appel authentique de Dieu ne se limite pas à une conviction personnelle de celui qui est appelé et qui proclame son appel. C'est Dieu qui appelle, et c'est Lui qui convainc l'entourage et même la hiérarchie de celui qui est appelé. La Bible dit que « l'Éternel était avec Samuel et ne laissait aucune de ses paroles rester sans effet, si bien que tout Israël, depuis Dan jusqu'à Beer-Shev'a, reconnut que Samuel était vraiment un prophète de l'Éternel[13] ». Luc souligne par ailleurs, dans l'Évangile que « Jésus grandissait et progressait en sagesse, et Il se rendait toujours plus agréable à Dieu et aux hommes.[14] »

---

[1] Nombre 4 : 3.
[2] Jérémie 1 :1, 6 et 7.
[3] Ézéchiel 1 :3.
[4] Zacharie 1 : 1 et 7.
[5] 1 Samuel 3 :3-4.
[6] Amos 7 : 14-15.
[7] Éphésiens 4 :11.
[8] Exode 3 : 4.
[9] Josué 1 : 2.
[10] 1 Samuel 3 : 4 et ss.
[11] 1 Timothée 4 : 14.
[12] Galates 1 :15-17 ; Éphésiens 4 :1 ; 1 Pierre 2 :5.
[13] 1 Samuel 3 : 19-20.
[14] Luc 2 :52.

L'apôtre Paul, avait deux identités : l'une romaine[1] avec ce nom, et l'autre juive avec le nom Saul[2]. Il appartenait ainsi aux trois cultures les plus importantes de son époque : romaine, grecque[3] et juive. Il était parisien comme son père biologique. Lorsque Dieu l'a appelé, Il s'est chargé Lui-même de convaincre son entourage, en commençant par Ananias[4], qui devait prier pour qu'il recouvre la vue. Dieu agit toujours de cette manière : Il confirme Son appel par une conviction qu'Il donne d'abord à celui qu'Il a appelé, puis à ceux qui l'entourent, pour qu'ils l'acceptent et l'aident même dans ses premiers pas dans le ministère[5].

L'appel vient compléter la vocation pour marquer le **moment** prévu par Dieu, de commencer l'exercice du ministère, par celui qui en a reçu la vocation. L'appel vient ôter le doute, réveiller la conscience, confirmer la vocation, stimuler les autres de reconnaître solennellement cet appel.

Il n'est pas bon d'exercer le ministère avant le moment. Cela peut causer beaucoup de dégâts, et même la mort. Faute d'avoir attendu le temps et l'appel de Dieu, Moïse avait dû fuir devant son échec. Il était depuis son enfance, fort bien conscient de son rôle à jouer dans l'exode de son peuple. Cependant, à quarante ans, il commit un dégât énorme qui l'obligea à fuir l'Égypte : c'était un désastre de voir un prince d'Égypte tuer un citoyen égyptien pour défendre un esclave hébreu[6]. Cela arrive lorsqu'on veut accomplir le ministère ou le service de Dieu avec des moyens humains, et lorsqu'on tient à le faire avant le moment prévu par Dieu. Pour n'avoir pas attendu le moment, Moïse a abandonné son titre de prince d'Égypte, il se mit à fuir loin de sa famille adoptive, et même de sa famille biologique qu'il voulait tant défendre. Il alla se réfugier au désert de Madian où il se réduit à la tâche d'un berger.

---

[1] Actes 22 : 27-28.
[2] Actes 21 : 39n Actes 22 : 3, Actes 26 : 7, Philippiens 3 : 5.
[3] 1 Corinthiens 9 : 19-23.
[4] Actes 9 : 10-18.
[5] 1 Samuel 3 : 8-10, Actes 9 :10-17.
[6] Exode 2 : 11-15 ; Actes 7 : 23-30.

Heureusement que Dieu ne Se repent pas de Ses dons et de Son appel[1]. Au moment fixé, Il l'appela, lorsqu'Il vit qu'il était prêt pour Sa mission[2]. Il n'est pas bon de s'acharner à être apôtre, prophète, ni pasteur, prédicateur ... si l'on n'en a pas la provision adéquate. Même ayant cette provision, il est bon d'attendre le temps.

D'un regard plutôt divin, c'était bien le plan. Dieu n'a pas de plan B. mêmes les échecs sont dans le plan. Il fallait briser et forger le cœur de Moïse, en vue de sa destinée ! On peut avoir une vocation authentique, cependant, il faut aussi attendre l'appel qui vient en son temps. C'est un atout majeur pour la réussite et le succès.

Jésus a aussi attendu que le temps soit marqué. Que ce soit pour naître, exercer publiquement Son ministère ou mourir sur la croix. Même pour Son retour, il attend le temps, dont Il n'a aucune connaissance. Quant à l'exercice de Son ministère, Il avait attendu Ses trente ans, l'âge requis. Lorsque ce moment fut venu, Dieu avait confirmé publiquement Son appel par une voix audible qui se fit entendre de tous, venant du ciel et disant : « Tu es mon Fils bien-aimé, Tu as toute Mon approbation[3] ». C'est alors qu'après Son baptême, sous la direction du Saint-Esprit, Il alla au désert pour être préparé. Pourtant, tout ce temps qui avait précédé Ses trente ans, il y avait toujours des aveugles, des boiteux, des lépreux, des morts, etc. Publiquement, Il ne fit rien pour eux. L'apôtre Jean rapporte même qu'une fois, à l'occasion d'une noce, le vin vint à manquer et Sa mère L'en informa, certainement pour qu'Il fît un de ces miracles qu'Il faisait à la maison. Il obéit à Sa mère et fit le miracle, vu la nécessité et le besoin. Toutefois, Il lui répondit tout d'abord que cela ne Le concernait pas, et que d'ailleurs Son heure n'était pas encore venue[4].

Alfred KUEN écrit dans son ouvrage précité que pour exercer un ministère, il faut premièrement une volonté de service,

---

[1] Romains 11 : 29.
[2] Actes 7 : 23-30.
[3] Luc 3 : 21-22.
[4] Jean 2 :1-4, version Parole Vivante.

c'est-à-dire une disponibilité ; deuxièmement, l'accord de la communauté qui délègue certaines tâches à ceux qui, d'après elle, ont les dons requis et les qualités spirituelles nécessaires[1].

Samuel avait attendu son appel, lequel était simultané à l'annonce du châtiment du Sacrificateur Éli et de ses fils qu'il avait succédés. Il ne les avait pas évincés. David avait aussi attendu la mort de Saül et son fils Jonathan pour les succéder au trône pour lequel il avait été oint depuis son enfance. Pourtant, il n'avait jamais souhaité ni provoqué leur mort. Par contre, il les pleura amèrement[2] et prit soin de leur famille[3]. Ensuite, avant de foncer vers ce trône, il consulta Dieu[4], et attendit que le peuple vienne de lui-même pour faire de lui le roi d'Israël[5].

Un oint qui opère en son temps est une bénédiction. David avait bel et bien reçu l'onction royale depuis son enfance, toutefois, il avait attendu pendant plus de vingt ans, le moment fixé par Dieu pour lui d'accéder finalement à ce trône. Dans cette attente, il fut persécuté par son prédécesseur. Un jour qu'il eut l'occasion de l'éliminer et d'en finir avec lui, il dit à ses amis qui lui proposaient de se venger : « Que l'Éternel me garde de jamais faire une chose pareille et de porter la main sur mon seigneur à qui Dieu a conféré l'onction, car c'est de la part de l'Éternel qu'il a été oint[6] ».

En dépit du comportement très gênant et exaspérant de Saül, qui agissait comme un furieux fou à lier, David ordonna expressément plus tard : « ne le tue pas. Car qui resterait impuni après avoir porté la main sur celui à qui l'Éternel a conféré l'onction[7] ? ». Combien de serviteurs de Dieu considèrent encore les autres comme David considérait encore Saül, combien passent plutôt leur temps à critiquer ceux qu'ils considèrent comme déchus, souhaitant leur destitution ? En effet, on a constaté que beaucoup de critiques dans l'Église sont motivés par l'orgueil et

---

[1] A. KUEN, op. Cit. p. 6.
[2] 2 Samuel 1.
[3] 2 Samuel 9 : 1-7.
[4] 2 Samuel 2 :1-7.
[5] 2 Samuel 5 :1-5.
[6] 1 Samuel 24 :6.
[7] 1 Samuel 26 :9.

un manque de tolérance, de la part de ceux qui occupent un piédestal, manifestent un charisme particulier, ou accomplissent un service que beaucoup ne font pas.

Toutefois, il arrive souvent qu'un appel soit contesté, et que l'appelé soit persécuté pour cet appel. Néanmoins, Dieu ne l'annule pas. La plupart des hommes que Dieu a appelés, surtout au ministère prophétique, ne l'ont pas facilement accepté. Ils savaient/savent pertinemment bien qu'ils seraient/seront contestés, persécutés et même tués. Même Jésus a été contesté. Cependant, Dieu n'a abandonné aucun d'eux. Ils ne s'estimaient ni prêt, ni digne, ni capable de leurs missions respectives, néanmoins, Dieu les trouvait prêts, parce que c'est Lui qui leur donnait les capacités. En effet, « notre capacité vient de Dieu[1] »

II.4. Un bon caractère

En plus de la vocation, l'onction et même l'appel, un serviteur de Dieu a grand besoin de travailler à son caractère pour l'améliorer. Les rois, Saül, David, Salomon, etc., ont tous reçu l'onction royale. Leurs caractères différents montrent assez que l'onction ne les a pas transformés, et que c'était à chacun d'y travailler, avec l'aide et l'assistance de Dieu.

L'onction sur David avait fait sa renommée auprès du roi[2], c'est plutôt son caractère qui lui fit obtenir un poste auprès de lui[3]. En effet, David était un bon garçon, gentil, courageux, respectueux, poli, honnête, ... Il a ainsi gagné le cœur du roi.

Par ailleurs, David n'était par ailleurs qu'un garçon des champs. Il lui avait beaucoup à apprendre pour parvenir à incarner un caractère royal en vue de sa destinée. À titre d'exemple, un roi ne peut pas manger n'importe où, n'importe quoi, n'importe comment, un roi ne parle pas de n'importe quelle manière, ... Même s'il avait terrassé Goliath, il n'était pas encore prêt pour la royauté. Pour cela, il avait bien besoin de Saül, nonobstant son

---

[1] 2 Corinthiens 3 : 5.
[2] 1 Samuel 16 : 16-16.
[3] 1 Samuel 16 : 21.

rejet, sa déchéance et sono caractère hostile. Durant le temps qui a séparé son onction et son intronisation, David est passé à travers plusieurs difficultés, combats et dures épreuves, par lesquels Dieu avait perfectionné son caractère. Cela lui avait conféré des valeurs et des vertus incontestables. Le fait d'avoir vécu aux côtés de Saül, lui avait permis très tôt d'entrer en contact avec les fonctions royales et ses exigences, d'apprendre beaucoup de choses à travers les erreurs de Saül, sous le commandement duquel, il avait appris le service militaire, l'art du combat et celui de diriger.

Lorsqu'il fut intronisé, il était déjà capable d'assumer le poste. Il avait appris à maîtriser ses émotions et ressentiments[1]. Il n'agissait pas sous l'effet des ressentiments ou de la colère. Il savait quand se retirer, se cacher, une fois il a même opté de faire le fou, parce que les circonstances l'y obligeaient pourvu qu'il conservât sa vie[2]. Dieu était avec lui, exerçait ses mains au combat[3].

Pendant une vingtaine d'années, les représentants de toutes les tribus d'Israël savaient que l'Éternel avait promis à David d'être le berger d'Israël et d'en devenir le chef. Cependant, ils ont résisté à l'accomplissement de cette destinée. Finalement, après la mort de Saül et celle d'Abner, qui ont laissé tout le peuple dans un désarroi généralisé, ils vinrent auprès de David à Hébron, pour conclure avec lui une alliance devant l'Éternel, et lui conférèrent l'onction pour l'introniser roi de tout Israël. Ils reconnurent le caractère royal de David[4].

II.5. Demeurer dans l'appel authentique

Naguère, Dieu invitait les hommes à le chercher, et à le trouver, peut-être, comme à tâtons, Lui qui n'est pas loin de chacun de nous[5]. Toutefois, l'appel de Dieu est non équivoque et invariable. À partir du moment où l'on a découvert avec précision

---

[1] 1 Samuel 24 : 7.
[2] 1 Samuel 21 : 10-15.
[3] 2 Samuel 22 :35.
[4] 2 Samuel 5 : 1-3.
[5] Actes 17 : 27.

l'appel, les tâtonnements doivent cesser. C'est la précision qui nous amène à des endroits précis où Dieu a prévu la réussite et le succès.

Pour appréhender l'avantage de demeurer dans l'appel authentique, partageons à titre illustratif, quelques vérités, sur la précision donnée à Moïse pour traverser la mer rouge. Dieu lui ordonna expressément d'aller camper avec le peuple des enfants d'Israël, devant Pi-Hahiroth, entre Migdol et la mer[1]. Cette précision ne fut pas un hasard.

C'est à un endroit précis, et à un moment précis que Dieu ouvre le chemin qu'Il a prévu dans Son plan et Sa volonté parfaite, pour la personne qu'Il a appelée. On ne fait pas le savant en matière d'appel, on ne force pas non plus les choses ni la Main de Dieu, en prétendant qu'Il ouvrira une voie à Tel Aviv, alors qu'Il a prévu d'en ouvrir à Jérusalem, qu'Il occasionnera une autre opportunité à midi, alors qu'Il a prévu d'en occasionner très tôt le matin, avant l'aurore. Le Révérend Réussite NGOIE MANDAKU a souvent à sa manière, défini une opportunité comme étant une porte qui s'ouvre une seule fois, puis se referme tout de suite. Tant mieux être là, lorsqu'elle s'ouvre et traverser.

Certains chrétiens sont si capricieux et paresseux qu'ils veulent se lever tard, parfois ils ne veulent même pas se rendre devant Pi-Hahiroth, entre Migdol et la mer. Ainsi, ils ratent le chemin ouvert sur la mer, ils ratent leurs mariages, par exemple, croyant avoir tout leur temps. C'est bien de confesser sa destinée et ses promesses. Cependant, il faut le faire dans les limites spatiotemporelles imparties.

Dieu n'est pas un enchanteur, on ne peut rien attendre de Lui en dehors de Ses promesses, en dépit de la confession de la phrase « Tout lieu que foulera la plante de votre pied, je vous l'ai déjà donné[2] ». S'obstiner en dehors du plan et Dieu et de Sa volonté parfaite ne peut aboutir qu'à une volonté permissive, qui n'est pas souvent bonne ni en faveur de l'homme. La volonté

---

[1] Exode 14, les versets 1 à 4, 15 à 18 et 21 à 28.
[2] Josué 1 : 3, version hébreu.

permissive de Dieu peut parfois être néfaste jusqu'à donner la mort. Dieu avait promis à Israël une terre bien délimitée.

Votre territoire s'étendra du désert jusqu'aux montagnes du Liban et du grand fleuve, l'Euphrate, à travers tout le pays des Hittites jusqu'à la mer Méditerranée, à l'ouest. C'était le pays qui s'étendait depuis le fleuve d'Égypte, le pays des Qéniens, des Qeniziens, des Qadmonéens, des Hittites, des Phéréziens, des Rephaïm, des Amoréens, des Cananéens, des Guirgasiens et des Yebousiens[1].

Ni Josué, ni le peuple, ne devait confesser cette promesse en dehors de ce territoire, ce serait comme lier le Diable là où il ne se trouve même pas, n'étant pas omniprésent. C'est comme exercer un ministère ou réclamer un héritage sans qualité. Nadab, Abihou[2] et Ouzza[3] moururent devant l'Éternel, les enfants de Scéva[4] l'ont payé cher, pour avoir usurpé une qualité.

Par ailleurs, Dieu sait frayer un chemin dans le désert et sur les grandes eaux[5], c'est à dire même là où il ne semble pas y en avoir. Il l'a fait sur la mer rouge. Pharaon qui poursuivait les enfants d'Israël, était certain qu'ils étaient perdus dans le désert. Toutefois, Dieu intervint. Lorsqu'on est appelé par Dieu, qu'on arrive à un niveau où tout se complique, on ne sait plus quoi faire ni où aller, il vaut mieux consulter Dieu au lieu de s'agiter, désespérer ou rougir. C'est à alors qu'il dit à Moïse de calmer le peuple, d'étendre son bâton, que les eaux se sépareraient.

Abraham aurait dû aussi consulter Dieu avant de se rendre en Égypte[6]. Il était bel et bien à l'endroit où Dieu lui avait précisément dit de se rendre, entre Béthel et Aï, il y avait établi son campement et y avait même érigé un autel à l'Éternel. Cependant, se trouvant en difficulté, il partit de là et se rendit en Égypte, sans consulter l'Éternel. Il y connut des difficultés plus grandes et en fut expulsé. À bout de force et au bout du rouleau, il décida de regagner la terre promise, et Dieu intervint tellement

---

[1] Genèse 15 :18-21 ; Deutéronome 7 : 1 ; Josué 1 : 4.
[2] Lévitique 10 : 1-2.
[3] 2 Samuel 6 : 7.
[4] Actes 19 : 13-16.
[5] Psaumes 77 : 19, Ésaïe 43 : 16 et 19.
[6] Genèse 12 :10-11.

en sa faveur qu'il ne voulut plus quitter cet endroit. Il concéda à son neveu Loth de choisir en premier le côté où il désirait se retirer pour éviter des tiraillements entre leurs serviteurs[1]. Loth avait choisi un coin très fertile comme le jardin de Dieu. Pourtant Dieu le détruisit plus tard à cause du péché. L'important n'est pas de s'acharner à occuper des terres fertiles. C'est plutôt d'être avec Dieu à l'endroit où Il vous dit d'être. Il sait ce que deviendra demain une entreprise visiblement florissante aujourd'hui. Dieu peut créer et faire fleurir, même à partir du néant et dans un désert.

Agar, à son tour, était tellement désemparée, au point qu'elle jeta son enfant pour ne pas le voir mourir de soif. Dieu entendit les cris de l'enfant ou ouvrit les yeux d'Agar, qui vit un puits d'eau qui était pourtant bien là. Il y a toujours une porte qu'on ne voit pas, lorsqu'on est en situation difficile, une porte que Dieu a pourtant déjà prévue, Il attend le moment opportun pour l'ouvrir ou pour nous ouvrir les yeux afin de l'apercevoir. En revanche, l'infirmité ou la mort sont aussi des voies prévues par Dieu, pour que tous puissent voir ce dont Dieu est capable[2].

Lorsque Dieu créait ce chemin sur la mer, depuis la fondation du monde, Il avait prévu tous les risques éventuels. Il y a maintenant quelques années, que des physiciens étaient allés faire des investigations sur la mer Rouge, à l'endroit décrit, afin de découvrir si réellement il y eut une traversée à pieds secs et par quel mécanisme surnaturel. Ils ont découvert sur le lit de la mer un monticule formant une sorte de bande de terre, s'étendant d'un bord de la mer à l'autre. Ils ont attesté qu'il suffisait qu'une grande tempête soufflât dessus pour mettre à découvert ce monticule, et l'on pouvait traverser même à pieds.

Personne n'ignore que le fond de la mer est extrêmement profond et périlleux. Si Dieu avait ouvert ailleurs ce chemin, le peuple rencontrerait des difficultés pour descendre jusqu'aux tréfonds et pour remonter, surtout les femmes, les enfants et les

---

[1] Genèse 13 : 8-9.
[2] Jean 9 : 2. Jean 11 : 4, 25, 40 et 44.

vieillards. Dieu sait à quel endroit exactement ouvrir une opportunité, et à quel moment l'ouvrir.

Jamais auparavant, ni depuis, plus personne n'a traversé par ce chemin. Dieu trace toujours un chemin pour celui qu'Il appelle, un chemin propre à lui, ouvert au moment opportun. C'est pourquoi, il n'est pas bon de toujours faire le suiveur, en dépit du même âge, mêmes talents ou charismes, même diplôme, ou accomplir le même ministère. Pharaon qui s'est aventuré avec son armée sur ce chemin, y ont laissé leurs vies.

Pendant que les enfants d'Israël se jetaient à la mer, comme des canards à l'eau, Pharaon et son armée qui étaient arrivés sur les lieux, se plaisaient certainement à observer la scène et pouvaient certainement se moquer d'eux, persuadés qu'ils se noieraient comme des poules. À leur grande surprise, lorsqu'ils ont vu presque tout le monde traverser et se retrouver de l'autre côté, ils se précipitèrent aussi pour rattraper les fugitifs. Malheureusement que ce chemin-là n'était pas pour eux. Ils succombèrent tous dans la mer.

Dieu n'ouvre pas un chemin n'importe quand. Pour celui qu'Il a appelé, Il maîtrise tout : la nature, sa loi, les évènements et les circonstances, dans le temps et dans l'espace. Il savait avec précision à quel endroit souffler pour faire traverser le peuple sans difficultés, Il savait aussi à quel moment le faire. C'est Lui qui fit souffler cette tempête. C'est pour cela qu'Il prit le soin de préciser avec exactitude l'endroit où le peuple devrait camper. Une tempête peut gêner les uns et les autres, et en même temps ouvrir une voie pour celui que Dieu a appelé, une raison d'être attentif à Dieu. Les hommes sont souvent surpris lorsqu'un évènement arrive. Cependant, rien ne peut surprendre Dieu, ni évènement, ni jour, ni heure. Dieu connaît même les pensées et les intentions des hommes. Il peut les amener à faire Sa volonté, lorsque Son serviteur se soumet à Lui[1]. Toutefois, le Malin n'a jamais accès aux pensées des hommes, c'est juste un grand observateur. De son expérience de longues dates, depuis Adam, il peut anticiper

---

[1] Proverbe 21 :1.

la convoitise et les vices des hommes pour créer des opportunités et faire des suggestions.

1. Avantages

A. Espérance de l'appel

Il y a certes des récompenses dans ce siècle ici-bas, et davantage dans celui à venir au ciel[1]. Nos détresses présentes sont passagères et légères par rapport au poids insupportable de la gloire éternelle qu'elles nous préparent[2]. La vie ne s'arrête pas ici sur terre. Il y aura encore, meilleur lorsqu'on aura quitté cette tente[3]. À chaque appel il y a une espérance particulière[4] :

- une **couronne incorruptible** pour ceux qui s'imposent une discipline dans leur ministère[5],
- une **couronne de justice** pour ceux qui auront combattu le bon combat malgré les épreuves[6],
- une **couronne de vie** pour ceux qui aiment Dieu et qui tiennent ferme face à la tentation[7],
- une **couronne de gloire** pour ceux qui prennent soin du troupeau de Dieu[8] ...

B. L'alliance

L'appel au ministère est l'une des alliances qui lient Dieu et celui qu'Il appelle. Cette alliance est perpétuelle, car elle peut concerner aussi la descendance qui la conserve. Rappelons qu'une alliance est un contrat, un accord scellé officiellement entre deux

---

[1] Marc 10 : 29-30.
[2] 2 Corinthiens 4 : 17-18.
[3] 2 Corinthiens 5 : 1-5 ; 1 Jean 3 :2, 1 Corinthiens 15 :48-54, 1 Thessaloniciens 4 : 15-17.
[4] Éphésiens 1 :18.
[5] 1 Corinthiens 9 : 25.
[6] 2 Timothée 4 :8.
[7] Jacques 1 :12, Apocalypse 2 :10.
[8] 1 Pierre 5 :4.

ou plusieurs parties, et qui engage les contractant à respecter chacun les clauses.

Dieu accomplit toujours Sa part du contrat. Lorsqu'Il appela Abraham, Il conclut une alliance avec lui. Cependant, Abraham, fatigué d'attendre la réalisation de la promesse, après plus d'une décennie, il demanda à Dieu une garantie qu'Il réaliserait encore Sa promesse. Dieu lui dit : « Va chercher une génisse, une chèvre et un bélier ayant chacun trois ans, une tourterelle et un jeune pigeon[1] ». Abram pris ces animaux, les coupa en deux par le milieu excepté les oiseaux, et il disposa les moitiés face à face, certainement selon les pratiques en vigueur à l'époque, pour sceller une alliance. Par ailleurs, Jérémie atteste que c'était une pratique courante[2], où le vassal qui concluait une alliance avec un suzerain, devait passer au milieu de ces animaux pour signer son allégeance au suzerain et signifier que le jour où il manquerait à un seul de ses obligations, il devrait être coupé comme ces animaux. Abraham, qui ruminait certainement ses erreurs et sa nature faillible, était incapable de s'engager à passer au milieu de ces animaux. Il passa toute la journée en train de regarder les morceaux de viande, sans passer au milieu. La Bible atteste que le soir, Dieu lui-même passa au milieu des bêtes, pour montrer qu'Il ne pouvait jamais reculer ni manquer à Ses promesses, malgré la nature faillible de son allié Abraham[3]. Quand Dieu appelle un homme à Le servir, Il ne peut pas l'abandonner, Il n'est pas un homme pour mentir, ni humain pour Se repentir. Il tient toujours parole, et accomplit toujours ce qu'Il a déclaré[4].

Ne pas outrepasser les périls les limites

Pour vivre la réalisation des promesses de Dieu et l'effectivité de l'onction, il faut demeurer dans les limites de l'appel. S'aventurer en dehors des limites c'est prendre le risque dangereux de manquer cette réalisation, et de se trouver sans protection divine aucune.

---

[1] Genèse 15 : 9 -10.
[2] Jérémie 34 :18.
[3] Genèse 15 : 17-18.
[4] Nombres 23 : 19, 1 Samuel 15 : 29.

Dieu fit à Josué des promesses[1]. Toutefois, Il avait mentionné les limites dans lesquelles Il tiendrait ces promesses. Même en appelant Abraham, Dieu lui fit plusieurs promesses[2]. Cependant, Dieu n'avait pas demandé à Abraham de quitter avec son neveu Loth.

[1] Josué 1 : 3-5.
[2] Genèse 12 : 2-3, et 7.

CONCLUSION

Si un chrétien manifeste un charisme, et qu'il n'exerce pas le ministère correspondant[1], cela peut être dû au manque de volonté personnelle de ce chrétien, ou à une mauvaise foi de la part des responsables ecclésiastiques, qui ne mettent pas en valeur tous les potentiels ou provisions à leur disposition. L'Église, à travers ses responsables, devrait plutôt éprouver la vocation, l'authentifier, l'approuver ou la reconnaître, concrétiser l'appel au ministère par une ordination solennelle, et enfin assurer l'encadrement ou la formation de celui qui entre en exercice. Cela permet un bon développement des ministères dans l'Église et un impact efficient.

Toutefois, un homme dépourvu de provision divine ou seulement avide, va se cramponner à exercer un ministère avec des moyens humains. Or, Dieu seul choisit, accorde la provision et appelle. Aucun apôtre, prophète ou pasteur, plein d'onction soit-il, ne le peut. Les consécrations de convenance, le manque de provision adéquate, d'un appel authentique, de patience et un engagement précoce, peuvent causer des échecs, du bruit, des tiraillements, des dégâts, des frustrations.

Il y en a qui échouent parce qu'ils se sont déconnectés de la Source divine, par contre il y en a aussi qui échouent bien avant même d'avoir commencé, tout simplement parce qu'ils n'ont aucune provision adéquate pour le ministère dans lequel ils s'engagent obstinément.

---

[1] A. KUEN, **Ministères dans l'Église**, Édition Emmaüs, 1983, p. 6.

BIBLIOGRAPHIE

Ouvrages

1. AKTOUF O., **Méthodologie des sciences sociales et approche qualitative des organisations**, PUO, Québec 1992.

2. AMSLER S. et Al., **Les prophètes et les livres prophétiques**, Paris, Desclée, 1985.

3. ARCHER G.L., **Introduction à l'Ancien Testament**, Saint-Légier, éd. Emmaüs, 1978.

4. ASURMENDI, J.M., **Le prophétisme**, Paris, Nouvelle Cité, 1985.

5. BROWN Rebecca, **Préparez la guerre**, Édition des rois, 2008.

6. BROWN Rebecca, **Il est venu libérer les captifs**, Éditions Roi des rois, 2006-2008.

7. GELIN A. et Al., **La loi et les prophètes : Introduction critique à l'Ancien Testament**, Paris, édition P. Tequi, 2000.

8. GRAWITZ Madeleine, **Méthodes des sciences sociales**, 4ème édition. Dalloz, Paris, 1979.

9. HARING B., **Vrais et faux prophètes**, Paris, Apostolat des éditions, 1971.

10. KABEYA MWANA BUTE Jean Pierre, **Le service divin, guide pratique à l'usage des hommes de Dieu**, Edition Onésime 2018.

11. KUEN Alfred, **Ministères dans l'Église**, Série Ekkésia, Cahier Emmaüs, 1983.

12. LOSCHAK Chevalier, **Introduction à la science administrative**, Ed. Dalloz, Paris, 1974.

13. MAHONEY Ralf, **La houlette du berger**, World MAP ACTS INDIA, 1993.

14. MASIALA MA SOLO et MENGI KILANDAMOKO, **Dialogue pastoral**, Université Protestante et Centre Congolais de l'Enfant et de la Famille, 2008, 2008.

15. MBELE, PH., **Introduction au prophétisme de l'Ancien Testament**, Butare, Faculté de Théologie Protestante de Butare, 2001.

16. MULUMBATI N., **Manuel de sociologie générale**, Edition Africa Lubumbashi, 1977.

17. N. MWENZE DJO Grace, **Vivre comme prophète**, Kingdom Edition TM, 2016.

18. O. OYEDEPO David, **Les exploits dans le ministère**, Dominion Publishing House, Nigeria, Lagos, 2006, 2008.

19. P. RONGERE, cité par MUTENTO N., **Cours de méthodes en Sciences Sociales**, Inédit UNILU/EST, 2006-2007.

20. Paul ENNS, **Introduction à la Théologie**, Édition Impact, 2008.

21. PIETTE Christian, **Lumière sur le Branhamisme**, blfédifion, 2016.

22. PINTO et GRAWITZ Madeleine, **Méthodes des sciences sociales**, Ed. Dalloz, Paris, 1971.

23. PRINCE Derek, **L'effervescence dans l'Église**, Derek Prince Ministries-International, 1996.

24. REES Erick, F.O.R.M.E., **Motivés par l'essentiel**, 2006.

25. REUCHLIN M., **Les Méthodes en psychologie**, 3ème édition, P.U.F. ; Paris, 1973.

26. STEINMANN J., **Le prophétisme biblique**, des Origines à Osée, Pairs, Édition du Cerf, 1959.

27. WARREN Rick, **Une vie motivée par l'essentiel**, Motivés par l'essentiel, Purposedriven, USA, 2006.

28. WEINGREEN J., **Hébreu biblique**, Méthode élémentaire, Beauchesne Religion, Paris, 1959.

29. WALTER WOLFF Hans, **Anthropologie de l'Ancien Testament**, Editions Labor et Fides, Genève, 1974.

Bibles

1. La Sainte Bible, Version Semeur
2. La Sainte Bible, Version Louis Second
3. Biblia Hebraïca Stuttgensia.

Cours

1. Livres prophétiques, par Emmanuel KABEYA, à l'Institut Facultaire de Théologie Appliquée, de Campus Pour Christ, Lubumbashi, 2004-2005.
2. Prophétisme et Livres prophétiques, par Déogratias KASOKOTA KISIMBA, Faculté de Théologie Évangélique, Université Chrétienne Source de Vie, 2018-2019.
3. Introduction au prophétisme de l'Ancien Testament, par le Professeur MBELE.

Dictionnaires

1. Nouveau Dictionnaire Biblique, Edition Emmaus, 1806, Saint Légier sur Vervey, Suisse.
2. Le Grand Dictionnaire de la Bible, Edition Excelsis, 2004.
3. Microsoft® Encarta® 2009. © 1993-2008 Microsoft Corporation. Tous droits réservés.
4. Dictionnaire universel, édition spéciale pour la République Démocratique du Congo, Hachette, 2008.
5. Dictionnaire Le petit Larousse 2010, Edition Anniversaire de la Semeuse 1890-2010.
6. 36 Dictionnaires, copyright ©1999-2004, L'aventure Multimédia.

7. Dictionnaire hébreu-français, M. N. Ph. Sanders et M. I. Treinel, Au Bureau des archives israélites, Paris, 1859.

8. Dictionnaire Grec-Français du Nouveau Testament, Barclay M. Newman, Jr., Société Biblique Française, Alliance Biblique Universelle.

9. Dictionnaire Hatier grec-français, Ch. Georgegin, 8 Rue d'Assas, Paris-VIème, 1961.

Commentaires bibliques

1. C. H. Mackintosh, version électronique.

2. Site internet

3. http://faveurdivine.com/
4. www.cnrtl.fr

Sources audios

1. Andrew Wommack - Esprit, âme et corps, livre audio.

2. Cimente-nous, une chanson de LIFOKO du Ciel, album « Ouvre la Bible »

BIOGRAPHIE

Né à Lubumbashi, le 21 décembre 1982, Divin Lévy MULONGO BANZA est le troisième enfant dans sa famille, tous sont vivants. Actuellement installé à Kolwezi, dans la province du LUALABA, en République Démocratique du Congo, il est marié depuis 2016 à Maryse Carmelle MUSUMBA, avec qui ils ont jusqu'ici trois beaux enfants.

Converti depuis quelques temps avant le 9 novembre 1996, jour de son baptême dans les eaux profondes, il a donné sa vie à Christ, et Le sert en tant qu'Enseignant (Docteur) de la Parole de Dieu, Pasteur assistant et Conférencier. Dans ses premiers pas, il a évolué au sein d'une chorale de la paroisse Source de Vie, de l'Église du Christ au Congo/Communauté Évangélique de Pentecôte (ECC/45ème CEP). Il est claviériste et arrangeur, et fervent ligueur depuis sa jeunesse (c'est-à-dire un lecteur de la Bible avec la méthode de la Ligue pour la Lecture de la Bible).

Quant à sa formation académique, il est Licencié en Théologie, de l'Université Chrétienne Source de Vie (Likasi), et Licencié en Sciences Économiques et de Gestion, de l'Université de Kolwezi (UNIKOL). Il avait précédemment fait ses études primaires et humanitaires successivement à l'école et à l'institut UKWELI (Kolwezi). Il est Fonctionnaire et agent de l'État.

Coordonnées :

Whatsapp : + 243 99 76 80 624

E-mail : divinlevymulongo@gmail.com

facebook.com: Divin Lévy MULONGO BANZA

Chez le même éditeur

Dans la collection Droit

- Jurisprudence congolaise en matière de violences sexuelles - Analyse et critique des décisions rendues dans le ressort de la Cour d'appel de Lubumbashi par Me Adolphe Bambi Kabashi et Me Flora Mbuyu Anjelani
- Le Régime Juridique de la Sous-Traitance dans le secteur privé en R.D. Congo - Commentaires et critiques de la loi par Me Adolphe Bambi Kabashi et Prof. Joseph Yav Katshung.
- Proverbes, adages et maximes judicaires dans le système juridique congolais par Ngoy Mwamba Freddy.

Dans la collection Economie-Finances et développement

- Les enjeux socio-politiques du développement autodynamisant de la République Démocratique du Congo par Alain Nawej.

Dans la collection Histoire - sociologie et société

- L'église chrétienne au Congo et ses bavures – Autopsie, Thérapies, Espoir pour un Peuple (Essai) par Michel Monga.
- Le Katanga, prisonnier de la mosaïque belge par Yav Tshang.

Dans la collection Littérature

- De l'expression du temps au calendrier des activités culturelles tetela par Angèle Osako Onowamba.
- Théorie de la littérature simplifiée par Edouard Nawej.

Roman

- Iriss, la vie comme elle change par Nelly Banze Kanteng

Printed by Books on Demand GmbH, Norderstedt / Germany